從 0 存款
到破百萬

王 志 鈞

30 歲前不讓財富紮根，你會後悔一輩子！

王志鈞

　　這本書是我想了好多年，才終於決定動筆的一本理財書。

　　有別於大多數的投資理財書在教導人們投資致富，這本書有點反其道而行，談的是「儲蓄」這兩個字。

　　低利率時代，儲蓄幾乎已經被逐利而居的現代人所遺忘。但把時間拉長、拉深來看，多數上班族之所以後來能變有錢、過著較為富裕的生活，其實靠的都是年輕時所養成的儲蓄習慣。

　　有儲蓄習慣的人，比較容易存到錢買房子。擁有一間好房子，也等於擁有了一項對抗通膨的保值型性資產。

　　有儲蓄習慣的人，比較有本錢買對基金與股票。這不是因為他們比較聰明，而是因為他們的本錢較為雄厚，口袋深度也夠，才能透過資產配置來分散風險，也才有本錢長期持有，透過時間來打敗市場波動，創造穩定的投資報酬率。

　　在這個投資當道的年代，過度擴張投資是人們的通病，而多數人都忽略掉，良好的投資行為必須以謹慎的理財模

式為根本，才能在理財的根基上，長出財富的大樹！

　　我一直認為，人生的財富應以生活為本、理財為基。「生活」、「理財」這兩項基礎都打好，才能向上進行「投資」（追求穩定的收益報酬）和「投機」（追求價格波動間的金錢價差）的創富行為。

　　如果財富像一棵樹，決定一輩子財富高度的關鍵，應該是 30 歲前是否有打好財富的根基！我認為，年輕人養成儲蓄的好習慣，一開始看起來很笨，但只要養成對金錢控管的好習慣，將會終生受用無窮。

　　我今年已經 46 歲了，回顧過去發生在自己與周遭人身上的財富成敗故事，我深深感覺到，年輕時越懂得謹慎儲蓄的人，如今都開始享受到高資產成果了，反而是年輕時「月光光」的人，到老似乎也是「月光光」的人生！

　　如果你還年輕，你想選擇什麼樣的人生呢？

　　先苦後甘，或者先甘後苦？這都在你的一念之間。

有錢人的 DNA

岑永康、張珮珊

　　我所認識的有錢人，都有幾個共同的特質，不信，你可以自我測試。

　　首先，我要請你用三秒鐘時間想一下：「你此刻、現在皮夾內放了多少錢？」如果你能非常精確的說出正確數字，恭喜你，你已經致富，或者，離致富不遠了。

　　有錢人對自己的財富非常敏銳，而且會時時去檢視目前的財務水位。比方說，存摺裡有多少資金可供運用？上週提領了多少？剛剛請朋友吃飯又花掉多少錢？還有加油的時候，汽油每公升是幾塊，是漲是跌，有錢人都記得牢牢的。還有他們的皮夾通常很整齊，千元大鈔和百元大鈔分開擺放、而且和發票等單據「誓不兩立」，絕對不會黏成一團、皺在一起。

　　比起「土豪」、那些出生就有祖宗留下大筆遺產的，這個社會更敬重白手起家、靠自己致富的人。

　　這種人，通常歷經生活挫折、在工作上碰過無數次釘子、甚至在投資理財的領域上，跌跌撞撞，摸索求進步。他們痛過、餓過、失敗過，深知財富得來不易，所以比別人更加珍

惜，「寧可苦一陣子，也不要苦一輩子」，吃苦才是人生最滋補的營養品。

　　我認識的有錢人，只要雙腳能走到的距離，一定不開車；到餐廳吃飯，如果菜單上有今日超值特餐，他一定不會點限量主廚推薦。還有，有錢人通常都樸素且低調，我就採訪過一名 60 多歲、外表乾瘦、毫不起眼的歐吉桑，當時我注意到他的襯衫都已經洗到褪色發白，想必很愛惜物資。進而得知，他從企業主管退休，領到一筆頗為豐厚的退休金，但他並沒有換屋，反而繼續與兒子、媳婦同住在不到三十坪的老舊公寓裡，但這老先生在台北市師大夜市擁有十幾間店面，是個包租公，而且他每個月五號，會刻意走半小時的路去收租金，順道運動練身體。如此，更印證了我的看法：越有錢的人，連白飯嚼起來都覺得美味，生活過得越發清寒簡約！

　　王志鈞老師所撰寫的這本書，集結了許多實用的理財技巧和人生大智慧，或許這個月攢下來的 8,800「薄得幾乎讓你感覺不到它的存在」，但相信我，假以時日，繼續存下去，有一天，你的存摺餘額會不小心多出一個字：8,800……萬。

CONTENTS

如果你覺得自己是富人，
請從今日起開始像個準富人一樣地省錢、儲蓄，
累積人生第一個一百萬後，正式加入有錢人俱樂部，
用有錢人的方式過生活吧！

PART1　學觀念：我就是要有錢！

PART 6　學風險：人生哪裡沒意外？

PART 9　學成家置產：先租後買才能致富

PART 1

學觀念：
我就是要有錢！

學觀念：我就是要有錢！

各位年輕人，如果你沒有為自己存上
100萬元，將來很難變成有錢人喔！

為什麼是100萬？

$\textcolor{gray}{\$}$ 沒有 100 萬，進不了有錢俱樂部！

　　在一場理財講座上，大學生小花聽到了一個很重要的觀念：「如果一個年輕人沒有在 30 歲前趕緊存到 100 萬元，將來就很難加入有錢人俱樂部，靠自己變成有錢人！」

　　「但為什麼要 100 萬元呢？又為什麼是 100 萬元呢？我難道不能不靠存錢，就變成有錢人嗎？」小花聽了之後，百思不得其解。

　　事實上，這正是許多年輕人不愛存錢的主因，他們不了解「以錢滾錢」的威力，而只想把今天賺來的錢，今天就先花掉。美其名，這叫做先獲得一種當下的「小確幸」──小而明確的幸福，但事實上，這卻先用掉了錢的增值威力。

錢的增值威力，不是利率。如果把錢的生息效果，想成是利率，那麼在低利率時代，要誘使年輕人像老一輩那樣努力存錢的誘因顯然很低。但如果搞清楚，**錢的膨脹威力是來自於「本金的 size×投資能力×時間」。那麼，一桶 size 夠大的本金，才能讓一個人有效走入有錢人俱樂部，並靠此來提升投資能力。**

　　我們把有錢人想成是很會打高爾夫球的人好了，那些能夠打出低於標準桿的高手，往往不是來自他們的運動天分，而是勤於練習。但讓他們有機會練習揮桿的，則是因為他們握有一張高爾夫球會員證，可以天天進場練球。

　　一張高爾夫球證通常得要多少錢呢？通常是 100 萬元起跳！

　　事實上，有錢人俱樂部的資金門檻，也大約是新台幣 100 萬元起跳。

　　多數的有錢人，其實並非都靠工作或事業賺錢，而是仰賴資產膨脹的威力。以房地產為例，十年前在北台灣買一間房子，可能 500 萬就買得到了；但十年後的今天，這間房子可能漲破千萬，價值翻了兩、三倍，讓屋主也因此晉身升萬俱樂部會員之一。

　　但讓這位屋主變有錢人的第一步，是他十年前擁有 100 萬元自備款，並因此握有投資房地產的入場券。因此，如果你將來也想變成有錢人，怎能不趁年輕時趕緊存錢呢？

學觀念：我就是要有錢！

10年，讓我美夢成真！

我不可能變有錢人的啦！

💰 沒有想像力，人生永遠是這樣！

　　大學快畢業前的小花在外頭租房子，住在老舊公寓的套房中。為了省錢，她經常吃便利超商的御飯糰，甚至買麵包、三明治打發一餐。

　　眼看著自己即將邁入社會，而社會新聞上老是說大學畢業生起薪已經掉到 22K，跟父母一個月給自己的 2 萬元生活費差不多，這讓小花心裡忍不住嘀咕：「我都這樣過了快四年的窮大學生生活了，將來如果沒有高薪工作，能變有錢人嗎？」

　　「但是，高薪工作在哪裡呢？」這不只是小花的困擾，也是台灣無數年輕人的煩惱。

　　但先等一下，誰說變有錢人就一定要先有高薪？這個邏輯正確嗎？

來！請問一下財經專家，正確的第一步動作應該是什麼？

如果要問我，我會說，想像力高於一切！沒有想像力，你不會努力奮鬥、力爭上游。沒有想像力，你不會想努力存錢。沒有想像力，你不會想投資自己與提升自己。沒有想像力，你也不會過著一個有目標、有紀律的理財生活！

年輕人需要什麼樣的想像力呢？當然是關於未來會變得更好的想像力。**年輕人如果對十年、二十年後，自己可能變成什麼樣的人，毫無想像力，那麼面對現狀，自然會得過且過，並且渾渾噩噩地接受它，不會想加以改變。**

沒錯，時代跟過去比可能艱困了一點，全球經濟環境也不再處於高成長了，但這只意味著一件事情──我們得拿出更多的能力來接受環境挑戰，而非抱怨環境或坐以待斃。

想像力是一種動力，可以激勵我們前進。特別是在全球化競爭的年代，對未來沒有寬廣想像空間的人，更容易被淘汰進入封閉、區域化與安於現狀的狹隘視野中，而不懂得利用多元資訊來為自己創造優勢。

只有擁有想像力，年輕人才會想要改變自己、提升自己與強迫自己去行動。你不一定要想像自己過著台北的豪宅生活，但任何理想都需要一個金錢預算來支撐。為了你人生美好的未來，趁早趕緊展開理財行動吧！

💰 缺乏存錢紀律的人，如何變有錢？

自從小花立志將來要改變窮命運，變身為有錢人之後，說也奇怪，以前怎樣都存不了錢的狀態竟然改變了。她可以每天多少存個幾十塊到上百元，一個月下來，竟然存了 3,000 多元。

「真奇妙！同樣是每個月從家裡拿 2 萬元，為什麼從上個月開始，竟然可以存 3,000 多元呢？」小花很高興地跑去跟男朋友小強分享，小強也為女朋友的改變感到開心。

「真是不可思議，你竟然學會存錢了！」小強說。

已經大學畢業兩年的小強是小花的學長，認真找了工作半年後，目前已在職場工作一年多了。

小強說：「為了慶祝你的理財新生活，咱們今晚去吃牛排，好好慶祝一下吧！」

小強熱情地邀約小花去慶祝一下。這下子，換小花猶豫了：「好不容易才存了幾千塊，我該亂花錢嗎？」

在以前，小花和小強都屬於及時行樂型的年輕人，肯定會接受男朋友的邀約。但這一回，她倒猶豫起來了。

「如果一個年輕人沒有在 30 歲前趕緊存到 100 萬元，將來就很難加入有錢人俱樂部，靠自己變成有錢人！」理財專家的一席話，一直縈繞在小花耳際，讓她天人交戰起來。

「小花，你是對的，**要堅持你的存錢紀律啊，如果缺乏紀律，將來如何成功變成有錢人呢？**」如果我剛好在小花身邊，我一定會像守護靈一樣，鼓勵她堅持貫徹計畫下去。

「守護靈，我該怎麼做，才能拒絕牛排的誘惑呢？」小花在心中默默唸著。

「太簡單了，試著想想在衝突中有沒有兩全其美的方案吧。」天啊！我怎麼變成小花的守護靈呢？唉，好吧，好人當到底，我就給小花一點建議：

「第一，慶祝可以，但還是要省錢。第二，吃牛排可以，但要吃夜市便宜的牛排。第三，與其到夜市吃牛排，也許，自己到超市買牛排，再到小強家料理會更划算喔！」

小花照著這番話跟小強說，沒想到小強卻豎起大拇指更開心地說：「親愛的，讚！你真的變得很不一樣了耶！」

學觀念：我就是要有錢！

💰 冒險致富，只會先吃苦頭

　　眼看學妹還沒大學畢業，就這麼努力地存錢，身為學長、同時也是小花男友的小強，也覺得有必要向「錢」看，肩負起創造財富的重責大任。

　　什麼樣的方式比較容易賺到錢呢？

　　由於小強經常看到同事在午餐時間看筆電，忙著上網下單買賣股票，忍不住也問起同事：「股票真的有那麼好賺嗎？」

　　「當然啦！單靠賺這份死薪水，一個月才幾萬塊，日常花費都不夠，哪有什麼錢途啊。」職場老鳥老蔡說。

　　「那股票該怎麼玩呢？」小強問。

老蔡說：「很簡單啊，你就去證券公司開戶，然後鎖定一檔會漲的股票，低買高賣，每天最高漲停板可到 10%，你銀行定期存款一年的利息也到不了 2%，股票一天就勝過一年好多，怎麼能不好好努力呢？」

聽了這一番話，小強興奮地跑去開戶，然後下單買入股票。他原本想等賺到錢以後，再跟女友小花報備，但反而是細心的小花提前發現，小強這陣子每天都忙著在電腦前工作，很不像他平常下班後的懶散模樣。

「難不成是給我劈腿去了？」在小花一番嚴刑拷打下，小強終於招認：「好啦！好啦！我說啦，我其實是在研究如何買賣股票啦。」

小花打開小強的電腦下單紀錄一看：「天啊！你買的股票都下跌耶，而且都跌掉快兩成了，你有沒有停損啊？」

小強不好意思地說：「我也沒想到會跌這麼慘耶。」

小花忍不住數落起男友：「我上次去聽理財講座，老師有說，股票低買高賣是投機策略。如果要採投機策略，就一定要事前嚴設好停利與停損點。但最重要的是，投機的風險很高，沒有一般人想像得那麼好賺，得花很多時間看盤呢！」

「原來這不是投資啊？」小強摸摸腦袋，不好意思地說。

「這不但不是投資，而且老師還說：『**如果投資的本金不夠，就一定會想要去追求高利潤的投機報酬，但往往高報酬還沒入袋，小錢就會先賠光光喔！**』」小花說：「這就是為什麼，投資之前得先學會存錢，因為本金不夠大，肯定會誤上投機歧途。」

大吃大喝真快樂！　　　股價漲了！先慶祝一下！

💰 投機賺到的錢，往往又快快飛走了！

　　小強投機股票失敗，被女友小花數落一頓後，又跑回去找同事老蔡算帳。老蔡說：「你女朋友說得還滿有道理的啊，但是，投機只要好好做，也滿好賺的。」

　　「怎麼會好賺？我都賠了快兩成了。」小強哀怨地說。

　　「沒關係啦，大丈夫能屈能伸，你買股票，本來就要學會斷尾求生。認賠殺出，再換一檔股票來操作不就好啦。」老蔡果然是老股民，一盤股票經說得頭頭是道。老蔡接著說：「好的投機客一定要懂得追逐強勢股，所以，賣掉你手上的弱勢股，跟著我追我目前看好的標的，我保證你會賺！」

聽了老蔡這一番話，小強的信心又恢復了，決定捲土重來，跟著老蔡好好學操盤。幾天後，他跟著老蔡下單的股票，果然連拉數根紅K棒，賺了兩成以上。「嘿嘿，這下賠的都賺回來了，可以請小花好好吃頓大餐了。」小強心中如此盤算。

晚上，小強準備拉小花去吃浪漫晚餐，小花反而瞇起眼睛來說：「有鬼喔，月初發薪日都還沒到，你哪來的閒錢啊？」

「北鼻，你真是太厲害了，什麼事都瞞不過你。」小強拿出筆電，開心地打開看盤系統說：「你瞧，這次我股票可是賺了兩成以上了。」

「你真傻耶，你股票有賣掉嗎？」小花說。

「沒耶。怎麼了？」小強一臉迷惑。

「沒賣掉的股票，獲利就沒入袋，怎麼能算賺呢？」小花停頓一下後說：「更何況，你哪來那麼多錢買股票？喔～～你之前的一定認賠賣掉對不對？你看，賠的已經入帳了，但賺的還沒進來，你還慶祝什麼啊？」

「而且我敢保證，過兩天市場一震盪，你現在賺的一定又賠回去。」小花冷冷地說。

果然，小花又猜對了一次。第二天，小強買的股票就開始下跌了。想再等等看的小強，再等兩天，只見股價跌更慘，最後只好承認——**投機賺來的錢，真的容易快快飛走，還是老實存錢比較實在！**

學觀念：我就是要有錢！

男朋友如果是
有錢人就好了！

富二代

boss

唉！我也想含
著金湯匙啊！

💰 沒有富爸爸，誰能讓我變有錢？

　　自從小花立志存錢後，她每天都會把一些用剩的零錢存起來，等一週過後，再湊成整數，存到銀行裡。但由於她才大學四年級，還沒開始正職工作，寒暑假打工的零用錢，加上父母給的零用金，每週能存的錢也不過區區數百元，偶爾才能湊到一千元。

　　小花到銀行櫃台填存款單時，每回看到自己只能填上 1,000 元，就忍不住在想：「什麼時候這後面可以多幾個零，讓自己也能填個『萬』字？」銀行櫃台小姐有時看到小花只存個 1,000 元，也忍不住給她一個白眼，讓她更難過。

　　「這樣存錢，要存到幾時才會變成有錢人呢？我要不要乾脆換一個男

朋友，找個有錢人嫁了，比較好呢？」小花忍不住寫信給理財專家王老師，把她的煩惱告訴這位親切的長輩。

當我收到她的信時，也很能理解她的心境，因為大部分年輕人剛開始要養成儲蓄的習慣時，真的往往會覺得「聚沙成塔」怎麼那麼慢啊？

我因此回信鼓勵她：

「親愛的小花：

你真是個聰明的女孩，因為你懂得把小錢從撲滿拿到銀行去存，一來有利息，二來可以化零為整。第三，也是最重要的是，你看得到錢與數字如何一點一滴地增加。

正因為錢增加得如此慢，將來你進入社會工作後，不就會因此更加珍惜金錢嗎？

不要去管他人的眼光，等將來有一天，你積小錢為大錢，變成一個住豪宅的有錢人，或者拿錢去實踐你心中的理想時，別人不也是會露出羨慕的眼光嗎？

重點是──**一個年輕人懂得自己為自己的人生訂出金錢計畫，並且照表操作，不因外界異樣的眼光而改變行動，這才是讓人真正能變身富人的人格特質啊！**

請你一定要記住，有錢人是具備富人特質與行動力者，才叫真的有錢人。若只是因為嫁對人或生對家庭，就叫有錢人，那只是假相，不是真相。

如果你今天因為『錢』，就想換掉男朋友；相反的，他也可能因為『錢』而換掉你，那麼你們的感情是否太廉價了呢？

王老師上」

養成存錢紀律，
小錢也能變大錢

💰 每月強迫自己存 8,800，及早啟動百萬儲蓄大作戰

23 歲的小花，終於大學畢業了。和多數同學選擇不同的是，她沒有先出國去玩，而是馬上投遞履歷，進入職場工作。她心中盤算的是：「我花了快一年，才存不到 3 萬塊，出國一趟就沒了，我何必急著現在把這一小桶金花掉呢？」小花清楚的知道，如果不是一年前聽了理財演講，她根本不會這樣選擇，而會先出國玩一趟，因為年輕只有一次，未來進入社會工作後，還能有機會再如此痛快地玩嗎？

但學會存錢後，她也開始學習做出選擇判斷：(1)及時行樂要付出的代價，是將來可能會一窮二白；(2)降低當下享樂，獲得的結果卻是將來過長期好日子。在這兩個選擇之中，何者為佳？

小花養成存錢習慣後，明白了積沙成塔大不易，所以她放棄年輕人慣有的及時行樂思考，改成趁年輕時及早累積一輩子的財富基礎。這種趕緊去賺錢的積極態度，激起了小花的求職熱情，很快地，她就找到一份月薪2萬5千元的工作。但領到薪水那一天，她的煩惱卻來了──「我每個月該存多少錢比較好呢？」

　　小花精算了一下，生活房租、水電費與電話費，每個月基本開銷就要花掉至少8,000元。此外，吃的、穿的與交通費用，一個月1萬多元應該跑不掉吧，這樣一來，每個月只能存個5,000多元左右。應該很讚了吧？

　　小花把這個每月存5,000元的想法寫信告訴我，我收到信後馬上回信告訴她：

「親愛的小花：

　　你如果想在30歲前，存到人生第一個100萬，你只剩8年時間。平均概算回推，你每年沒存個10萬元，根本無法達成目標。

　　一年要存10萬的話，一年有12個月，每個月最少得存8,800元才行！

　　我建議你這麼做──年輕人，馬上再去開一個銀行戶頭，把你領到的薪水，一入帳就馬上轉8,800元到這一個『百萬儲蓄大作戰』的專用戶頭，無論發生什麼事情都不能領出這個戶頭裡的錢。

　　至於生活開銷，就請用扣掉稅款、勞健保費用後的薪資，再減去8,800元後，自己想辦法解決吧！

　　　　　　　　　　　　　　　　　　　　　　　　　　　　王老師上」

學觀念：我就是要有錢！

哇！本金夠大的話，日後的投資效益真驚人！

複利效果

💰 別小看銀行存款，善用槓桿原則也會變有錢！

　　領到人生第一份正職工作薪水後的小花，不但沒有變得更有錢，日子反而更拮据了。看在男友小強眼裡，他不禁搖頭嘆息跟小花說：「你真的是走火入魔了！」

　　「為什麼說我走火入魔？」小花抗議！

　　「人家賺錢就是要拿來用的，結果你是拿來存的，搞得你現在的生活品質比大學的時候更糟，這樣就算不叫走火入魔，大概頭腦也秀斗了。」小強振振有詞地說。

　　「你錯了！以前用的是爸媽的錢，日子可以過得很好，但現在我進入社會了，要用自己的錢過日子，這才是為自己人生負起責任的態度。」

「你負責任的方法也太沒效率了吧？」小強輕蔑地說：「你看，現在銀行活儲利率不到 1%，定存利率也不到 2%，你存這種低利率的死錢，還不如拿點小錢去炒點股票，隨便一年也可以賺個 10%。」

　　小花辯不過小強，只好寫信再來詢問我，年輕人應該是先儲蓄？還是先學習投資？

　　我回信告訴小花，儲蓄看起來利率很低，但「存錢為理財之本，理財為創富之根」，如果沒有靠儲蓄累積一小桶金，就先跑去學習投資，第一、投資的槓桿效益不高；第二、社會經驗還不足，很難體會投資要領，兩者都會讓失敗率變高。

　　舉例來說：(1)1萬元×10％＝1,000 元；(2)10 萬元×10％＝1 萬元；(3)100 萬元×10％＝10 萬元。上列三者，同樣都要花時間研究股票、基金，請問何者的成本效益較高？

　　Ans：花同樣的投資時間，當然是砸入 100 萬元做投資的投資回收效率比較好！

　　再舉例來說：一個剛畢業、什麼產業知識都不懂的年輕人要去做投資，跟一個有了八年社會經驗，再去學習投資專業的輕熟齡人士，何者比較能夠穩健、輕鬆地駕馭投資報酬？

　　Ans：先心無旁騖地專心工作，等年資累積五、六年後，再延伸投資的第二專長，顯然比較能掌控投資要領。

　　最後一點，也是最重要的是**一個年輕人若不先靠儲蓄來改變生活習慣，養成量入為出的簡約習慣，一旦他收入變高了，開銷也只會更大。賺來的又輕易花掉了，身無恆產，這樣又怎能稱為有錢人呢？**

PART 2

學生活：
過 4 年苦日子，
徹底改變窮習慣

學生活：過4年苦日子，徹底改變窮習慣

咖啡＝想要？！

No!!

Coffee

幫助你拒絕『想要』
的存錢計畫書 →

💰 為什麼要省一杯咖啡？

　　自從小花聽了我演講，也接受我回信給她的理財建議後，她變得完全不一樣了。不一樣的地方在於，別的年輕人喜歡先享受「小確幸」，但小花卻選擇先吃苦。當她和同事外出吃午餐時，別人都會選擇餐後點一杯咖啡，但她卻沒有這一個習慣。

　　「唉呀，小花，下午還要開會，來杯咖啡提提神，不然待會怎麼撐得過去呢？」同事好心地說。

　　「喔，不了，我還是把這杯咖啡的錢省下來，回辦公室泡茶包就好了。」小花說。

　　「真是怪咖，不懂得享受生活與品味。」同事們半開玩笑地說。

小花心中雖然有點受傷，但她很明白知道，她必須先存錢，日後才能享受更好的生活，因為王老師告訴她：「只要你先吃苦八年，後面長達三、四十年，你可會是個小富婆喔！」

　　用八年交換四十年的幸福人生，你願不願意呢？

　　小花的答案是「我願意！」只要頭腦正常一點的人都會理解到，這實在是太划算的交易了。比起先享受八年，日後卻要吃苦三、四十年，前者顯然比較划算。但問題是，根據我協助無數年輕人培養理財能力的經驗，多數人都知道先苦後樂比較好，但都做不到，為什麼呢？

　　因為現在是個商業社會，有太多商品在市面上銷售，且使用了不少精美廣告與行銷花招，要年輕人不心動地去買件衣服、喝杯咖啡、吃頓美食，真的非常困難。但是，當年輕人一旦掉入物質慾望的毒癮中，就很難爬得出來，並且斷絕消費的癮頭。

　　事實上，理財的第一堂課應該是學會認識「需要」與「想要」，並降低不當「想要」的消費慾望。但後者，往往是在受到消費市場過多的廣告刺激影響下而產生出的。在大環境誘惑不變的情況下，年輕人要戒除消費慾望，實在得花上一番功夫。

　　想要降低物質慾望，最好的辦法就是強迫自己每月先存 8,800 元，把這個計畫無限上綱成生活中最重要的一件事情，且要求自己使命必達。在這樣的存錢緊箍咒底下，荷包就能像小花一樣，被看得緊緊的，不會輕易被一杯咖啡給犧牲掉了。

學生活：過4年苦日子，徹底改變窮習慣

喂！請問我的幸福在哪裡？

💰 智慧型手機是必要的存在嗎？

智慧型手機是「需要」，還是「想要」？

上班工作後沒多久，小花和小強有天討論起這一個問題。問題的起源是，有收藏手機癖的小強，準備再花錢買一支新款手機。

「你知道嗎，新款手機有……的功能，超讚的，而且外型也酷斃了。」

小花瞪了小強一眼，然後告訴他：「我覺得你根本就只是『想要』一隻新手機吧！」

「不！我是『需要』，因為我需要裡面的新功能，好協助我……協助我工作更有效率。」小強理直氣壯地說。

「你需要怎樣的工作效率？更強的拍照功能？網路搜尋？上網玩遊戲？還是……？」小花頓了一下說：「這些跟工作有什麼關係？」

「恩，好吧。」小強辭窮了，只好聳聳肩說：「我辯不過妳，但至少，我得跟得上手機潮流，和同事們才有話可聊。這就是我說的，我『需要』職場的社交競爭力。」

「你和同事有話聊，為何需要手機？」小花斜睨了一眼小強後說：「我覺得，你比較需要強化一下你與主管的溝通能力。請問，你的主管是用什麼新手機啊？」

「拜託，那個老傢伙還在用傳統陽春手機呢！」小強說。

「拜託，那個老傢伙是付你薪水的人！」小花說。

瞧！年輕人總以為手機或新型的智慧型 3C 用品，是生命中不可或缺的東西，但事實上，這只是一種生活習慣而已。你可以選擇用便宜的手機，達到與人溝通的基本功能，但也可以花錢，買一支最新款的高檔手機，目的也是為了強化社交──特別是想當潮男。

就跟女孩子可以選擇拎一個 LV 包包，也可以選擇路邊攤買一個好看的包包。一個是享受當潮女的快樂，另一個是樂於執行存錢計畫，好讓將來可以享受當貨真價實小富婆的樂趣。

在我們的生活中，總是充滿無數這樣的選擇──花錢當潮男、潮女？或者，省錢當小富翁、小富婆？

年輕人或許會抗議：「變成小富翁卻什麼享樂都沒有，我還是別當有錢人了。」

喔！不，親愛的年輕讀者，我只是要你先苦八年，以交換日後有錢又幸福的四十多年，可從沒叫你別享樂嘟，可別搞錯重點了呢！

💰 朝九晚八勤工作，為的是將來更好

自從小花懂得開始定下存錢計畫後，她的生活顯得和同儕多了些不同。相較於同事或其他大學同學下班後，相約去吃喝玩樂，小花卻喜歡躲在辦公室加班。

同學們都覺得，小花變得很不一樣了。以前學生時代的她，總是帶頭第一個邀人去吃冰、喝咖啡，或者吃美食，如今卻顯得很被動，除非力邀出門，否則她很懶得出來跟人交際。

同事們則覺得，辦公室裡來了一個工作狂或女強人，不但工作超認真，而且還經常延後下班，躲在辦公室裡不知道在忙什麼。

但事實上，小花下班後只是在辦公室裡做一些自己的事情，比如上

網、上 FB 或瀏覽一些即時資訊而已。她有一次還在 FB 上打卡分享說：「夜晚，一個人的辦公室好安靜，感覺家都變大了。」

她大學死黨小麻雀馬上戳她說：「下班後不回家，難道真的以辦公室為家？」

但小花覺得，以辦公室為家也沒什麼不好，反正回家也沒有什麼享樂可言，因為預算都被存錢計畫給控制住了，既然不能看電影、逛街購物或吃大餐，不如留在辦公室，還有免費冷氣可吹。

小麻雀說：「你這想法很讚，超省錢。可是，這樣你不就從早到晚都賣給公司了？更何況，生活沒什麼娛樂，不覺得人生很無趣？」

小花說：「哪會？我是在為將來的好日子進行拚搏呢！你想想看，我們年輕人現在花用的錢，哪樣不是從父母來？但我都要 24 歲了，怎麼還能不學會獨立自主呢？」

「靠自己爭取來的錢過好日子，才是真幸福。」小花說：「這是我去年聽了一場理財講座後，得到的心得，如今工作後才深深覺得，**年輕人懂得為自己規劃目標，然後逐步加以實踐，還真滿有成就感的，生活一點也不無聊。**」

小麻雀說：「你這樣認真待在辦公室不回家，老闆一定愛死你。」

「呵，這可是意外的收穫。我本來只是想省錢，現在同事都說我是女強人，主管也常要我別太認真工作、早點回家。」小花說：「看來省錢還賺到了工作的好口碑，真好！」

學生活：過4年苦日子，徹底改變窮習慣

理財讓生活有秩序起來～

$$

$小富人

勞健保費 2200

電話費 800

房租 6000

交通費 2000

存錢 8800

💰 訂出生活預算計畫，讓消費走在schedule上

　　小麻雀好不容易終於把大學死黨約出來了。一在捷運站碰到面，她就吱吱喳喳地唸：「才工作半年多，你怎麼大變樣了？約你出來逛個街，講了一個多月，才終於把你拖出來！」

　　「說！你最近發生什麼事？是不是失戀了，不然幹嘛躲起來？」小麻雀關心地說。

　　小花說：「哪有？我只是努力跟小強一起存錢而已。」

　　「存錢？別傻了，我們一個月薪水起薪才多少錢？要在台北吃飯、租房子，能存多少？」小麻雀說：「就算你比我早4個月找到工作，又能多存多少錢呢？頂多兩、三萬吧。」

「沒呢，光是工作六個月，我就存了 52,800 元。」小花說：「加上還沒畢業就開始存的，已經累積了 8 萬多塊了！」

「是用你的錢存的？還是爸媽給你的錢啊？」小麻雀不太相信。

「當然是用我自已的雙手賺來的錢啊！你看，我這雙手都磨出繭了。」小花伸出雙手開玩笑的說。

小麻雀看了一眼說：「騙人，你手還是白嫩嫩的。說！你靠什麼方法發財的？」

小花笑著說：「好啦，好啦！我的發財秘訣就是——**為自己訂出生活理財計畫。每個月領到薪水時，就把當月要花用的基本開銷留下來，分門別類，訂出預算表，之後的生活開銷就按 schedule 走，就能每月存到 8,800 元囉！**」

「你起薪不是才 2 萬 5 千元，加上你家在南部，在台北租房子、通車加生活費，一個月起碼要 2 萬元，你怎麼可能存到 8,000 元以上？」小麻雀不理解。

小花說：「很簡單啊，每個月領到薪水就把 8,800 元轉到另一個戶頭裡，打死不用。因為剩下的金錢預算有限，口後生活開銷就自然會省吃儉用起來了！」

「哇！怪不得你最近變了，原來是有個存錢目標啊。」小麻雀說。

「我覺得自從訂出 30 歲錢要存百萬的理財目標後，我的人生變得非常積極，生活也開始變得很有秩序，這都是意想不到的收穫。」小花說。

「太讚了！我也要學你，30 歲前一起變成百萬小富婆！」小麻雀拉著小花的手，在街上興奮地喊起來。

3600元變36000元！！

3600

自動加個"0"，
東西都變貴了！

💰 想血拼時，標價自動加個0

　　小麻雀剛出社會工作滿兩個月，想為自己買一套套裝，慶祝一下，便拉著大學死黨小花出來逛街。但陪著小麻雀逛各種服飾店時，小花突然覺得：「東西怎麼都那麼貴？」

　　「哪裡會貴？你看，3,600 元的洋裝打對折，才 1,800 元而已。」小麻雀看到一堆年底特賣的衣服，忍不住興奮地說：「用自己的錢買衣服超開心的，好想每件都買回家喔！」

　　「你是因為住家裡，才這麼捨得花錢吧？至少省了房租。」小花說。

　　「不只，我早、晚餐也吃家裡，省更多，所以可以為自己多買幾件衣服。至少，就像你說的，用自己的錢買衣服，超有成就感。」小麻雀又從

衣櫃上拿起一件衣服打量後說。

「我哪有這樣說？我是說：『靠自己爭取來的錢過好日子，才是真幸福。』」小花說。

「意思不是差不多？」

小花說：「差很多好不好？我是努力存錢，將來才能錢滾錢，日後創造出更多錢來過好日子。你現在為了先享受好日子，卻把能生錢的種子都先花掉了，將來怎麼生出更多小錢呢？」

「我現在花的錢，還能再生出更多的錢？真的嗎？」小麻雀很訝異。

「是啊，我也是聽理財專家王老師說的。他說，人靠勞動力賺錢，總有限度，但如果能靠錢幫你賺錢，只要母錢夠大，就能輕鬆生出很多子錢。這就是複利效果的威力，也是年輕人為何要學存錢的原因，目的是要讓母錢變人，存出更多錢的種子。」

「好有道理的一番話啊。」小麻雀說：「但我看到衣服還是好想買，怎麼辦？」

「沒關係，用王老師教我的一個方法，你應該就不會想亂花錢了。」小花說：「**只要每次你想買東西時，自動在標價後面加個 0！因為買東西都是一種心理感受，只要你感覺東西很貴，自然就會縮小購物慾望。**」小麻雀點點頭，然候再看看衣櫃上的標籤：「3,600 元的衣服，打對折1,800，加個 0 是 18,000 元，天啊，誰敢買啊！快用掉我一個月的薪水耶！」

「你看！你馬上降低消費慾望了！」小花笑著說。

早點起床就好了～

💰 清楚記帳，揪出吃掉存款的元凶

　　工作半年多，小花的銀行存款水位已經逼近 6 位數，也就是快存滿 10 萬塊了。看著財富數字節節攀升，小花這時才感覺到理財的威力。相較之下，已經工作兩年多的男朋友小強，雖然每月薪水比小花高出 5,000 元，而且還住在家裡，但是，存款數字卻少得可憐，只有小花的一半，連 5 萬塊都沒有。

　　「怎麼搞的，你錢都花到哪裡去了？」小花說。

　　小強兩手一攤說：「我已經接受了你的建議，不亂投資，也戒除不當的消費慾望，現在用的，都是基本食、衣、住、行費用。你總不能要我省錢省到餓肚子吧？」

小花不想毫無根據地跟男朋友吵，乾脆要求小強學她一樣開始記帳，把每日花掉的錢，全都記下來。一個月後，兩人找了一天，心平氣和地坐到桌前，拿出記帳本、鉛筆和計算機，一起檢討小強的日常消費模式。

　　攤開小強的記帳本，一個月下來，小強月薪 3 萬元，扣除勞健保，實拿 27,000 元左右，但是，小強一個月就花掉 22,060 元，僅能存 5,000 元到銀行戶頭中。

　　底下是小強的當月生活開銷：

中餐 4,600 元＋晚餐 3,800 元＋手機費 1,500 元＋飲料 3,800 元＋治裝費 3,280 元＋計程車費 1,880 元＋機車油錢 1,200 元＋保險費 2,000 元

合計支出　　　22,060 元

　　看完記帳本，小花冷靜分析後告訴小強：「你過去這半年多，已經學會了控制不當的消費慾望，不那麼快去購買『想要』的手機與 3C 產品，這也是你為何你每月能存 5,000 元的原因。」

　　「但更重要的是，我們也得學會控制不當的『需要』，因為這往往是無形中最重要的浪費源頭，讓錢包不知不覺就縮水了。」小花說：「比如計程車錢，你只要買個鬧鐘，早點起床，就不會睡過頭而要搭計程車上班，每月也能省下 1,880 元。」

　　「其次是咖啡錢，你只要改喝 35 元的咖啡來取代一杯 100 元以上的咖啡，每月也能省下至少 2,000 元。」小花說：「光這兩點，你每月就可以多擠出 4,000 元現金。更何況，我認為這兩項根本是不當的『想要』，而非真正的『需要』啊！」

學生活：過4年苦日子，徹底改變窮習慣

好吃！

同事感情好，吃路邊攤省錢也快樂！

💰 控制正當「需要」，別讓魔鬼藏在細節裡

「省下計程車錢與喝咖啡的錢？嗯，好，我會去落實實踐，好像你一樣，每月也能存上 8,800 元。」看到女友小花這麼認真地想幫自己存錢，小強感動之餘，也願意配合執行。「多騎機車，少搭小黃，這應該不難的。」小強闔上帳本說。

「等一下，我還沒講完耶。」小花說：「除了不當的『想要』要戒除，你還得學會控制一下正當的『需要』。」

「什麼意思？」小強搔搔頭表示不解。

小花拿起計算機，按了按鍵後說：「你中餐吃掉了 4,600 元，除以一個月 30 天，平均每天花掉 153 元。有需要吃這麼貴嗎？我相信，你如果

能夠控制每頓中餐只吃 100 元，一個月只需要 3,000 元，你就可以多省下 1,600 元了。」

「唉呀，難免有時跟同事應酬，會吃好一點嘛！」小強吐吐舌頭。

「應酬？」小花說：「應酬不能吃簡餐、白助餐嗎？非得上餐廳吃套餐？」

小強不敢多話，靜靜聽小花接著說：「還有，你不是住家裡嗎？晚餐幹嘛不回家吃？這樣你就可以多省下 3,800 元了？」

小強說：「哪有可能天天吃家裡？吃媽媽煮的菜也會膩，偶爾也想吃吃外面的美食啊。更何況，我週六、日都找你吃飯，總是要花點錢，讓你幸福一下啊！」

「少來這一套。」小花說：「我寧願先苦 8 年，將來過一輩子幸福生活，也不想現在就把錢花光了。」

「更何況你媽媽煮飯那麼好吃，以後週六·日，我都去你家吃好了，這樣多省錢啊。」小花笑咪咪地接著說：「好吧，偶爾讓你吃外食好了，那每個月的晚餐費就控制在 1,600 元以內，這樣可以省下 2,200 元。」

「哇，你真厲害，這樣每月就多出 3,800 元了。」小強嘖嘖稱奇。

「不止哩，以後你買衣服帶我去，我幫你挑打折衣服買。」小花說：「這樣一來，你每月治裝費控制在 2,000 元內，保證你又能多存 1,200 元。合計這三項，你每月可以多擠出 5,000 元存款。」

小花最後下個結論說：「**只要你能改變散漫的消費習慣，讓生活模式被控制在理性的預算計畫上，我保證你不會被餓到，還可以藉由控制正當的『需要』，為將來累積幸福存款喔！**」

學生活：過 4 年苦日子，徹底改變窮習慣

我在投資自己的腦袋......

ABC...

💰 上網學習，好過花錢亂補習

　　自從攤開每日記帳表，接受小花的財務診斷後，小強開始覺得：「原來生活中無形被浪費掉的錢這麼多。還好現在了解錢都被用到哪裡去了，我也要開始有效率地運用支出。」說也奇怪，小強以前什麼都存不了，後來少買手機等消費品後，一個月開始能存到 5,000 元。但是，接受小花的建議後，他竟然一個月能存到 1 萬 4 千元，幾乎是他月薪 3 萬元的一半了。

　　就這麼存了兩個月，小強存款多了，又開始想動錢的腦筋了。他跟小花說：「我們現在生活變得簡單多了，吃喝玩樂都少了，卻又感覺人生好像少了什麼？」

「說！你想幹嘛？」小花最怕男朋友亂花錢，劈頭就問小強想做什麼。

「我想……，我想去學英語，好增進國際競爭力耶。」小強說。

「嗯，學英語是件好事，這件事情我支持你，我也要一起學。」小花說完後，馬上打開筆電上網查資料。

「你真積極耶。」小強說：「想馬上找英語補習班嗎？」

「No！」小花說：「學英語幹嘛先花錢，先看看網路上有沒有免費教學的英語教育平台再說。」

「幹嘛那麼摳門，連這個也要省？」小強說。

小花說：「不是我要省，該投資的最終還是要投資。但別忘了，**我們現在存下的每一分錢，都是將來生財用的母錢，存越快、越多，將來錢滾錢的效果會更強。如果拿母錢胡亂補習，學習效果卻不好，還不如以存錢為第一優先。**」

小花接著說：「不然我們兩人先訂出半年的上網學習計畫，一起背單字、練習會話，半年後如果學習動力還在，再花錢去補習。」

「這樣學，我看不到半年就不想學了？」小強有點抱怨地說。

「你看，學習靠的是自己的毅力，如果你的毅力和決心不夠，就算花錢補習又會有什麼效果呢？」小花說：「還好我有先測試你一下，你看，你如果決心不夠，就別花這個錢了，花了也是白花。」

「你說得還滿有道理的！」小強說：「如果我決心夠，半年內自學也會很積極。等學到一個程度，再花錢補強不足處，應該效果會更好。你真是理財高手，以及生活高手啊！」

拜託，我才是有錢人吧！

我是有錢人～

💰 買車不如騎車，騎機車不如騎單車

　　農曆年關終於到了，工作半年多的小花，也終於要領到人生第一筆年終獎金。上班族免不了總會關心年終獎金的多寡，以規劃如何花用。但在這方面，小花卻成竹在胸。她說：「不管領到多少錢，我一定會把 1／2 先存起來，剩下的 1／4 包紅包給父母，再剩下的 1／4 才拿去吃喝玩樂！」

　　相對於小花繼續把年終獎金列入「百萬理財大作戰」計畫的一環，小強卻有不一樣的想法。他認為，錢要先儲蓄沒錯，但儲蓄是想要變成有錢人，而有錢人都是有資產的人。代表有錢人最重要的資產，不是房子，就是車子。

「我會領到兩個月的年終獎金，拿這筆錢去買車，剩下的分期付款，每個月只需繳 9 千多，這樣我還可以繼續每月存 5 千元呢！」小強分析得頭頭是道，顯然已經做好了買車的調查工作。

「哼！你又想亂花錢了。」小花馬上嗤之以鼻：「上回想補習還只是小錢，這回要花大錢啦？」

「沒啦，」小強摸摸腦袋說：「分期付款算起來，也都是小錢。更何況，年後我就可以開車帶你去兜風，也可以帶你回南部老家啊。」

「聽起來是很讚啦。」小花看到小強這麼呵護她，也有點感動起來，但她外表仍不改理性地說：「你有沒有想過養車要花多少錢？」

「養車？我不要太過度保養就好啦。」小強故意裝傻起來了。

小花說：「我們經理常跟我們說，**年輕人應該先奮鬥，少買車，因為車子不是固定資產，而是消耗品，每個月油錢、保養費與燃料稅款，加起來少說要幾千到萬元，加上每年折舊，大概七、八年就沒殘值了。**」

「對了，我還沒加上路邊停車費的錢呢！」小花補上一句說。

「是喔，原來買車這麼花錢。」小強悻悻然說。

「是啊，你與其買車，還不如繼續騎你的機車到功成名就吧！」小花笑著說：「不過你倒提醒了我，我可以用年終獎金來幫自己買一台車──自行車。沒下雨時，騎自行車去上班，愜意又省錢，真是個好主意！」

理財就像個矯正器，一開始沉重，後來卻輕鬆讓我朝財富大道前進。

💰 改變生活態度，才是家庭財富的根本

　　時間過得飛快，才剛過完上班後的第一個農曆新年，轉眼之間，小花已經一個又一個新年地過了六個，而她也已經換到第三份工作了。最重要的是，工作不到七年，她的存款水位不但順利達成百萬元，甚至還來到 120 萬元左右。年紀剛滿 30 歲，小花不但花了八年不到就完成了原定的百萬存錢計畫，還超過目標，準備購屋置產，是個人人稱羨的小富婆了。

　　小花是怎麼辦到這一切的呢？

　　事實上，我認識小花是在七年多前，當時她還是個大四學生。但她聽了我一場理財講座，卻讓她的命運與多數年輕人變得不一樣。多數年輕人是月底薪水就花光光的月光族，但小花過去近七年，卻是每個月紮紮實實地存下了 8,800 元。

工作頭半年多，小花合計學生時代所累積的積蓄，存款就已破 10 萬元。一年半後，銀行存款已達 20 萬多。工作三年半，她的存款便來到了 45 萬元。工作滿五年半時，小花已經存到了 80 萬元。到了她工作滿六半、要跨入第七年時，她光是存款就已經有 104 萬元，加上投資股票和基金的累積報酬約 16 萬元，已經讓個人資產飆升到 120 萬元。

　　小花的經驗很值得年輕人學習，因此，我用了一個化名，把她的致富故事分享出來。

　　但回到這一切的開端，小花也只不過是接受我小小的建議，老老實實地為存錢訂出一個目標。因為有了這一個存錢目標，這就像套上一個人生矯正器一樣，小花輕率又散漫的年輕生活開始有了一個秩序，並讓她培養出簡樸與負責任的生活態度。

　　對小花來說，**透過理財觀念的建立，年輕人會開始為自己一輩子的人生負起責任，也因此才會在生活上「寅存卯糧」，及早為自己下半輩子的富裕人生做好準備，打下未來家庭財富的根基。**

　　目前已經 30 歲的小花說：「因為懂得從存錢，它大大改變了我的生活方式，並且讓我開始過起規律的生活。最終的結果是，這個規律的習慣讓我成了投資達人，讓我的財富成長更快！」

PART 3

學記帳：
每月都能存到錢的理財魔法

一本不動的帳戶，讓小花存到了錢也工作更認真了！

💰 薪水發下來的第一件事──存錢

　　30 歲的小花，目前已是多金的小資女了，除了準備結婚之外，也忙著四處看房子、投資置產。但這一切的財富是怎麼開始的呢？

　　「存錢、理財，是最重要的第一步！」小花事後回想這個過程時說：「存錢看起來簡單，但實踐起來可不簡單。最重要的是，強迫存錢的過程悄悄改變了我的生活習慣，後者才是讓我今天變成小富婆最重要的一件事情。」

　　存錢看起來只是一個小動作，但要堅守紀律，持續不斷，這可是會截然改變一個人的生活態度。俗話說「態度決定命運」，若不信的話，來看看小花的同班同學小麻雀，手上的資產狀況如何吧？

小麻雀這七年來，換了七、八份工作，薪水始終只在 3 萬元上下打轉，儲蓄還不到 10 萬。投資方面，是有定期定額買一些基金，但卻都賠錢。保險是有，但都是父母買的，小麻雀沒自己繳保費，所以也不知道自己有什麼保障。

小麻雀名下比較像樣的資產，除了一台機車外，再來就是 LV 包包、Coach 包與各種新款手機了。問她為何始終存不了錢時，小麻雀總是會說：「不會啊，我賺的錢都花掉了，這些年我過得很開心啊！」

但小麻雀花錢時，真的開心嗎？似乎又不然，因為她總是在辛苦工作後，就會呼朋引伴去血拼名牌包，或者吃頓大餐。她掛在嘴上的口頭禪是：「工作這麼累，主管也不體恤我們，我不對自己好一點，誰來對我好呢？」

相較於小花的百萬積蓄，小麻雀一路對自己好了七、八年，卻成了一個外表光鮮亮麗，但口袋卻空空如也的月光族。同樣的學歷、同樣的年紀，為何一個是不折不扣的小資女？另一個卻兩手空空呢？答案就出在——小花領到薪水的第一件事情，就是把 8,800 元存到另一本不能動用的帳戶上。

一本不動的帳戶，除了可存錢外，每當工作很辛苦時，打開帳戶看看裡頭的存款金額，就會感到很欣慰。即使倦怠到想轉職，也會安慰自己不要走，這更讓人產生職場穩定度，老闆加薪也就更快了！

學記帳：每月都能存到錢的理財魔法

每月把該用的錢先分好，
支出就不會毫無節制！

💰 善用信封袋理財法，讓每筆錢都花在刀口上

　　小花就業以來，工作穩定，薪水也三級跳。第一份工作起薪 25K，之後升到 30K。第二份工作起薪 28K，後來加到 35K。第三份工作起薪 45K，並一直做到現在。讓小花薪水比同學小麻雀高的關鍵原因，在於職場穩定度。加上工作認真表現優，自然薪資高人一等。

　　但回頭看看小花的職涯過程，難道她沒有像小麻雀這樣，工作又累又倦怠，想靠血拼或吃大餐來慰勞一下，讓心情好過一點的時候嗎？小花說：「累的時候，也是會想啊，但我手上的錢，月初一個一個都封存好了，哪有多餘的錢來享樂啊？」

　　這是什麼意思呢？

原來小花採用的是「信封袋理財法」，也就是月初領到薪水後，把 8,800 元轉到另一個不能動用的戶頭，剩下的現金，她會領出 15,000 元，把當月該用的錢，預先分門別類好，再一一裝入信封中，做為各項專款專用。

　　以下為小花分類的信封袋項目：

　　⊙房租　　　　　⊙交通費
　　⊙水電天然氣　　⊙伙食費
　　⊙保險費　　　　⊙專案費用
　　⊙手機電話費

　　小花會把固定大筆支出先拿出來，首先是房租 5,000 元，其次是水、電、天然氣費用 1,000 元，再來是保險費 2,000 元，之後是電話費 500 元，然後是交通費 1,500 元。最後大約會剩 5,000 元，就是當月的伙食費。每月平均折算下來，小花一天飯錢大約只有 166 元，而且還要分配三餐吃。哇！這樣看下來，小花哪有多餘的錢去犒賞自己呢？

　　「看到自己這樣窮，工作反而更不敢懈怠了。」小花回憶工作頭兩、三年時的慘狀，真的是天天吃便當與牛奶麵包過日子。但正因為這樣，每當工作累時，她就提醒自己要吃得苦中苦，日後才能先苦後樂。

　　三年後，她的薪水調整到 3 萬元，才比較能吃好、穿好一點。但要說靠美食來犒賞自己的辛勞，小花仍然敬謝不敏，因為她知道**辛苦攢下來的「母錢」不能先吃掉**，否則將來就生不出「錢子兒」。

　　善用信封袋理財法，小花不但存到了母錢，也把生活開銷的每一筆錢都事先作了規劃，讓每一筆錢都花在刀口上，成了人人羨慕的小資女。

要保持紀錄支出的習慣！

💰 你花的每一筆錢，都要學習記下來

「省吃儉用的日子，不是很辛苦嗎？」許多年輕人一聽到存錢，腦子裡跳出來的就是苦日子畫面。但根據我置身投資理財教育多年的經驗，當前年輕人最大的問題，就是出在生活毫無節制，未來沒有目標，導致一群人活在心靈孤島上，只能靠網路互相取暖。

存錢，看似簡單，卻是培養年輕人規劃生活、設定目標的最好手段。

每一個家有幼兒、青少年的家長們，都應該及早為小孩買一本記帳本，訓練他們從小就養成紀錄收支的好習慣。也就是說，每當父母給孩子一筆零用錢時，都得要求小孩紀錄下來。同時，對於孩子們如何花用他的零用錢，可以尊重孩子的想法，但卻也得要求他們逐一紀錄，定期追蹤流

向，並關心剩餘存款的數字。

收入減支出，將等於儲蓄。

當期收入（比如一個月）減去當期支入，等於當期（月）的現金儲蓄。把逐期（月）存款加起來，一年下來，就會得出一個總量。

只要小孩懂得量入為出，妥善規劃支出去向，則每個年度所累積下來的儲蓄總量，就會成為下一個年度的一桶可支配資金。當然，他也可以繼續保留下來，延後使用，以累積成更大的一桶金。這種妥善規劃金錢，量入為出，維持收支平衡，又能精確管理儲蓄的能力，就叫做理財能力。

理財能力是財富的基礎，如果家長沒有讓孩子從小培養這項基礎能力，即使將來留給孩子再多遺產，他們也無力控管，只會淪為及時行樂、毫無生活目標的月光族。

我剛認識小花的時候，她也具有這樣的潛在性格。父母給她的零用錢，她當月就花掉了。但是，當她接受了我的建議，願意以存錢為人生第一階段的重要目標後，她的生活態度就改變了。

她不但懂得為自己設定儲蓄目標，還會事先規劃好當月開銷，預先調度好預算。最重要的是，她每一筆開銷都會紀錄下來，妥善追蹤。這樣的習慣一養成，她也更善於精打細算，有助於她後來成為一個投資達人。

所以，逐一紀錄每一筆錢，年輕人才能學會精打細算。稍後我們將發現，這不是苦味人生，反而是人生最甘甜的滋味。

學記帳：每月都能存到錢的理財魔法

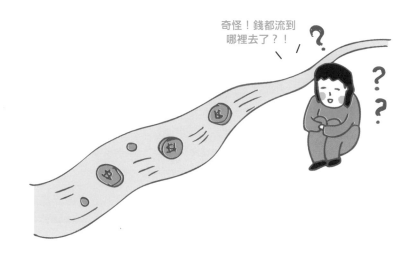

奇怪！錢都流到哪裡去了？！

💰 讓錢變沙漏，要看得見錢流到哪去

　　妥善紀錄每一筆開銷，看起來麻煩，但這卻是學習投資理財的重要功課，也是讓自己學會不亂花錢的必要法門。

　　「因為當你紀錄下每一筆錢流向哪裡去時，你反而更不想消費，而且會變得錙銖必較、精打細算起來。」小花根據自己的經驗，如此表示。

　　這是什麼道理呢？

　　原因其實很簡單，因為現代人活在商業社會中，每個人都得用貨幣來交換商品。所謂「貨幣」，在中國古代可能是頗有重量的白銀，在西方，則是裝在腰間布袋裡的銀幣，兩者都是貴金屬。當你想用貴金屬買東西時，會很不捨得花用，因為你看得到錢的重量。

但是現代人使用的都是紙鈔，甚至更多是塑膠貨幣——也就是信用卡。在紙鈔或信用卡簽帳單上，我們只會看見「數字」，而「數字」是沒有重量的。

用實質的貨幣花 1,000 元買東西，跟使用信用卡或儲值金融卡扣款 1,000 元相比，後者對消費者來說幾乎不會有感覺。這就是為什麼，現代月光族越來越多，因為大家消費時並沒有感覺錢的重量。

但是像小花這樣，每天或每週願意把花費金額紀錄下來，並定期追蹤檢討時，鈔票上的數字馬上就會變成像立體沙漏一樣，我們看得到錢到哪裡去了，也會看見沙漏的頂端——也就是當月可花用額度，正在每日、每週流失中。

正如我們前面說的：妥善規劃金錢，量入為出，維持收支平衡，又能精確管理儲蓄數字的能力，就叫做理財能力。但管理抽象數字，對多數人來說是困難的；不過，要去管理看得到、摸得著的沙漏，可就簡單多了。

採取信封袋理財法的小花，每月初就把現鈔提領出來，分裝到六個信封袋。此時，信封袋就如同沙漏，鈔票就如同沙子。小花看得到鈔票，也知道鈔票被如何分配與分裝到沙漏中，而且，隨著日子流逝，小花也感覺得到沙漏裡的錢變少了。

但小花若不把每一筆消費的錢紀錄下來，她將不知道沙子流到哪裡去。

當她不知道沙子流到哪裡去時，她就無法去做精確的衡量與計算，權衡該把錢花到哪個地方、哪間餐廳、商店會比較划算？反之，當她清楚錢都花到哪去時，下個月，她就會懂得把錢用到更有效率的地方了。

我真的需要嗎？

學記帳：每月都能存到錢的理財魔法

💰 檢討支出，比抱怨收入不夠更重要

　　花時間紀錄每一筆消費，目的不是為了折磨自己，而是讓自己每天或每週，有個能與自己獨處的時間，好面對自己的消費方式。

　　人的自我，其實都彰顯在我們所買、所用的器物上，從衣服、鞋子，到吃的、用的、住的與行動的，我們在商品化的商業時代，都是靠消費商品突顯自我的獨特性。但每個人的預算，也就是支撐他生活花費的資源都是有限的。在有限的資源內，如何更有效率地分配到最能突顯自我生活態度的地方？

　　記帳，因此就變得相當重要。

　　記帳除了是控管預算，讓自我更有效率地根據實際需求進行消費外，

記帳也是為了保留必要的儲蓄，好創造自己將來能擁有更多資源的有效工具。簡單來說，記帳是理財的重要功課，而理財的短期功能是達到人們生活上的收支平衡，以避免收支失衡。但長期來說，理財更是為了打造創造長遠財富的儲蓄基礎。在儲蓄的過程中，年輕人更可以藉以培養為自己定目標與執行計畫的能力。

很多年輕人喜歡抱怨收入不夠用，導致自己存不了錢。但過去八年，小花卻通過儲蓄發現到，創造儲蓄最快的方法是檢討支出的流向，而不是一味抱怨收入的不足。

小花發現，她和同一輩人最大的不同，是同學或同事太快把錢花掉了，通常一經過路邊的商家，看到心動的商品，連想都不想，就心動不如馬上行動，把信用卡掏出來就刷掉了。

但小花自己因為有定期檢討支出的習慣，她腦中就會浮現出記帳本與信封袋，然後會想：「如果我現在花錢買了這樣東西，那我信封袋裡的錢就會少了一點。這樣東西，真的是需要且划算之物嗎？」

當她腦中這樣盤算以後，自然就會評估再三，再作決定。說也奇怪，當她不當下做出消費決定時，回頭要再去買的機率就會降到幾乎是零。

「這證明，多數的商品都不是必需品，回家冷靜想想，就根本不會想買。」小花說。

減少支出，看起來消極，但學會精打細算過生活，這個能力卻也等同於職場上妥善進行工作管理的能力。「這就是為什麼，我的薪資後來會跳得比別人快！」小花開心地說。

學記帳：每月都能存到錢的理財魔法

💰 把握「2 先 2 後」的原則

　　「小花，你的生活這麼摳門，1 萬 5 千元怎麼過生活呢？難道除了吃以外，你的生活中就沒有消費品了嗎？」小花經常碰到同學或好友這麼問她，她都會說：「我男朋友小強也曾這麼說過，但現在，他比我還摳門哩！非必要的東西就絕對不買。」

　　「非必要？什麼是非必要？」小麻雀有一次就這樣問過小花。

　　「把『需要』和『想要』分清楚，前者是生活中的必需品，缺了就不行；後者則是偏於享樂的慾望，不是不買，而是可以延後購買。」小花說：「因為透過信封袋理財法，生活基本開銷都只能專款專用了，這讓我們後來養成了一個好習慣，那就是……」

「是什麼？」小麻雀很好奇。

小花笑著說：「任何需要額外專案支出的費用，都得先寫下來，經過我的嚴格審核之後，才能動支！」

「哇，你比武則天還可怕，那不就什麼事都歸你管了嗎？」小麻雀訝異地說。

「才不會！我們會一起討論，決定這樣東西到底是不是生活必需品？如果不是的話就刪掉，以免排擠專案預算。」小花說：「其實，多數的東西都是非必需的『想要』，而非『需要』，所以第一關討論、審核與篩選很重要。」

「篩選完畢後，還得再排先後順序。」小花說：「有些生活必需品沒那麼急，有些則很急；有些金額小、有些金額大；按照『先急後緩、先小後大』的原則排列購買順序，並花時間貨比三家後再下手，就可以精打細算地過生活了！也就是說，凡是要買的東西都一定要先寫下來，貨比三家後，再決定用最高的性價比（C/P 值）來買東西。」

性價比 = 性能 ÷ 價格（capacity ÷ price），所以又稱為 C/P 值。「性能與價格比較」可以用來權衡單位付出所購得的商品性能。但要小心如果東買西買什麼都買，越高的 C/P 值只是越花掉你辛苦的血汗錢。

「你真聰明耶，先把需要買的東西寫下來，才真的能做到貨比三家。」小麻雀感嘆地說：「不像我，每次一衝動就把必需品買回家了，真笨！」

「我看你是笨在買了一堆非必需品吧！」小花大笑著說。

學記帳：每月都能存到錢的理財魔法

想要一雙高跟鞋！

想要一棟豪宅！

💰 延遲享樂，換得倒吃甘蔗的人生

「我覺得你們這樣的生活很像出家人耶，小強怎麼受得了？」小麻雀有次好奇地問小花：「難道你們生活中都沒有『想要』的東西嗎？」

「當然有啊，怎麼不會有？」小花說：「像我想要將來有一間房子，想要一個更高薪的工作，想要和小強到歐洲度豪華的蜜月旅行，還想要將來可以到處出國去旅行。」

「喔，你想要的東西可真不少。」小麻雀說。

「我還沒說完呢，」小花說：「我希望將來買頂樓的房子、四面採光良好，而且最好靠近公園或學校，三不五時就可以去運動。」

「你太貪心了，那樣的屋子很貴耶！我們年輕人怎麼可能買得起？」小麻雀話一說完，想一想又改口：「呃……，也許像你這樣的小富婆買得起吧？」

「你啊，就是不存錢，不然就可以多想點昂貴的夢想啦。」小花說。

「可是，你那些『想要』真的都太遙遠了啦，我原本的意思是說，難道你們都沒有想要一些小確幸般的『想要』嗎？」小麻雀說。

「也是會有啊。」小花說：「但是養成儲蓄與理財的習慣後，也習慣會把『想要』都寫下來，這時候，就會開始權衡比較，這個『想要』先拿到比較好？還是那一個『想要』先到手比較好？」

「對啊、對啊，跟我煩惱的一樣，我總是不知道應該先買衣服好？還是高跟鞋好？」小麻雀附和著說。

「不一樣、不一樣，我是拿房子跟衣服比，就自動會延後消費啦。」小花說：「那麼努力儲蓄，不就是為了儲備購買更大夢想的能量嗎？我幹嘛提前就把好不容易得到手的錢給花掉呢？」

「更何況，錢會生錢，讓錢滾得大一點，再讓自己有更舒服的享受，不是比較有效率嗎？」小花說。

「可是，先把錢拿來享受，不也不錯？」小麻雀問。

小花說：「**你不錯了七、八年，結果後面越來越苦。但我辛苦了七、八年，後面能買到的夢想卻越來越大，你不覺得先把想要的東西寫下來，而且寫大一點，將來存夠錢後再購買，比較有效率嗎？**」

「嗯，你果然是有錢人的想法，延後享樂，但要享樂就享大一點，聽起來好像比較有吸引力！」小麻雀佩服地說。

學記帳：每月都能存到錢的理財魔法

好女人應該懂得淘汰
不會理財的男人！

月光族

💰 記帳不可半途而廢，存錢才會成功

「唉，好麻煩，這個月才剛過一半，我的支出就全都超出預算了，乾脆不要記好了。」小強剛被迫學會記帳沒幾個月，就想半途而廢。小花發現小強又沒記帳了，趕緊數落他一頓：「你這懶鬼，你到底愛不愛我啊？」

「我愛你啊！但這跟記帳有啥關係啊？」小強哀怨地說。

「怎麼沒關係？你總不會只愛我三年、五年，之後就要分手了吧？」小花說。

「分手？怎麼可能？只要你別要求太過分，專要我做些我不喜歡做的事情，我哪會甩了你呢？」小強腦筋動得快，趕緊拿出分手當籌碼，暗示

小花別太逼人太甚，老是要自己寫下消費紀錄。

「傻瓜！是三、五年後我甩了你，不是你甩了我！」小花板著臉說。

「你幹嘛甩我？」小強抗議。

「你每天口袋月底就光光，一輩子注定要當窮光蛋，我不甩你，甩誰呢？」小花義正辭嚴地說：「更何況，我不到三十歲存款就可破百萬了，還需要你這種不負責任的男人當男友或老公嗎？」這年頭，誰的口袋深，誰就講話比較大聲，小強只好悶不吭聲。

「你別沉默是金，閃躲話題。」小花說：「如果你連記帳這件事情都無法貫徹到底，那趁年輕時我們趕緊分手，以免將來你拖累了我。王老師說，**這年頭，懂得理財的才是好男人，女人不該蠢蠢笨笨，跟著亂花錢的人過活！**」

「別忘了，我是當年你多麼崇拜的學長啊！」小強說。

「學長，別忘了，我們都畢業了。**如果你不懂理財，想必就不懂如何生活；如果你不懂生活，想必也不擅於理財。偏偏，沒理財力、沒生活力的人，這輩子注定沒前途。**我幹嘛跟一個社會競爭力缺乏的人在一起？」小花說。

小強想一想，這話好像也有道理，也撂下狠話：「好！看誰比較會存錢，我就不相信我工作賺贏你之外，存錢也會輸給你？」

就從這一天開始，小強也學會理財了，想當然爾，在他三十歲這一年，存款簿的水位自然也破百萬了。

PART 4

學消費：
誰說 27 歲不能當幸福小富人？

社區旅遊便宜又好玩！

💰 參加社區旅遊，跟阿公阿嬤出遊最省

「薪水 25K，租屋在台北，每個月又強迫自己存 8,800 元，那不是窮光蛋一個嗎？」許多讀者看到小花的存錢故事，一定會興起這樣的疑惑。

但真是這樣嗎？請聽小花怎麼說！

「不會啊，我和男朋友經常去旅行呢，像台灣很多地方我都玩遍了。」小花說。

小花經常在臉書上分享她的旅遊照片，比如新竹的北埔、峨嵋；苗栗的南庄、向天湖；宜蘭的梅花湖、蘇澳。遠一點的如台中大甲、彰化鹿港、雲林西螺、北港，以及台南安平古堡等，幾乎台灣重要的旅遊景點都有小花與小強的甜蜜足跡。

「這張照片好漂亮呀，滿樹雪白的油桐花，你是在哪拍的呀？」小花經常被同事問到類似的問題，大家都好奇沒有交通工具的小花，如何每到假日都能在臉書上 po 一堆美美的出遊照呢？

答案揭曉，其實小花只是參加社區便宜的旅遊團而已！像新竹峨眉湖畔的赤科山農路，五月的時候會滿天飛雪，小花就是參加社區阿公、阿嬤最愛的老人旅遊團，才有機會到此秘境一遊。

「最重要的是，這種由里長號召的社區旅遊團，一日就可來回，每次費用只有 800 到 1,500 元左右。最貴的、遠一點的，也不會超過 3,000 元，兩、三個月玩上一趟，實在很划算。」小花說。但小花為何會發現這種平價又實惠的國民旅遊呢？答案當然還是問工老師 我囉！

記得小花進入社會工作一年多後，有回寫信來跟我抱怨：「工作了一年，同事們每次例休都規劃出國玩一趟，但我為了存錢，連到泰國、峇里島玩一趟的錢都湊不出來，難道我的人生就要這樣了嗎？」

我回信告訴小花：「你出國玩的目的是什麼？為了休息？還是增廣見聞？如果是前者，台灣就有很多景點可以便宜玩透透，讓你徹底休息充電了；如果是後者，還不如先增強你的英語閱讀能力，多上網瀏覽國外網站，順便多認識不同國家的朋友，這樣也能開闊眼界。」

小花聽進了我的話，動腦想便宜的島內旅遊方式，結果發現，跟著阿公、阿嬤出遊最省。由於小花和小強都是年輕人，常常一整團平均年齡四、五十歲的社區團，就他們兩位年輕人，一堆老人也喜歡把過去職場與生活經驗分享給他們，無形中也打開了更多的人生視野！

好拉風的包包啊！

嘿嘿！DIY的！

💰 買山寨版的名牌包，不如自己做手工包包

「哇！你的包包好漂亮！」今天，小花帶來的是一個布包包，用藍色的牛仔布縫成一個大花布包。

「週五嘛，穿得輕鬆一點，包包也要換個輕鬆款式。」小花說。

「這是什麼牌子的？」同事問。

「這可是 MIT、台灣製造、最本土的手工包，出自於民間藝術大師，也就是小妹我的手筆喔！」小花說。

「哇，你也太神奇了，不但會自己做皮革包，還會做布包，太厲害了吧？」同事們仔細端詳才發現，原來這是把牛仔褲回收改造，再縫上彩色

布邊與花朵後的成果。

　　事實上，小花平常上班拿的手提皮革包，也是她自己縫的，除了沒有類似名牌之類的 logo 外，其他材質、造型與耐用度，都不輸給名牌精品。不過仔細看，還是看得到一些手工粗糙痕跡，但瑕不掩瑜，近看也看不太出來。

　　這是小花這三年來，參加社團、學習製作手工包的成果。除了公事包、休閒包外，她也曾做過小皮包、錢包與手機套。偶爾，她還會把自己的成品拿去網路上銷售，讓自己賺回點成本。

　　小花一開始，當然也跟多數人一樣，會羨慕那些買得起名牌的人。為了便宜取得名牌貨，她也會到路邊攤尋找山寨版的名牌包。但有一天，她正在夜市的萬頭鑽動中，尋找看起來最逼真的名牌包時，她忽然覺得：「為什麼要在理財目標中寫下：『本月以專案款項，尋找合適上班攜帶的平價、名牌、山寨包呢？』」

　　「為什麼要買假貨？為什麼不買真貨？是因為太貴嗎？還是要買的是那個昂貴的『名牌』，而不是『包包』？」小花這樣想著，又想到：「如果要買真包包，自己做的不是最貨真價實嗎？」她因此開始上網尋找 DIY 手工皮包的資訊，也花了點學費，去上課學習製作手工包。雖然她並非專業，但只要多花點時間與耐心，做出來的簡單皮包也不輸給高價品。

　　加上小花做出心得後，會上網賣出部分成品，等於把材料費用賺回來了。剩下的，就是每當她拿著心血結晶外出時，享受眾人那種品頭論足與讚譽有加的成就感，她覺得，那真是比拿名牌包上街還過癮的一件事！

好便宜哦！但我真的需要嗎？

💰 網路揪團之前，別忘記自己的消費 schedule

「小花，我們要一起買網路上的手工布丁，超好吃的。你要不要一起買？」A 同事問。

「我想一下……，呃，不了，謝謝！」小花說。

「小花，我們要團購手工餅乾，你要不要一起買？」B 同事問。

「呃……不需要，謝謝，我不吃餅乾！」小花說。

「小花，網路上有超便宜的特賣保養品，越多人揪團買越便宜，你要不要一起？」C 同事問。

「謝謝你，我都用小黃瓜與茶葉水敷臉，比較省錢，所以不用買保養品了！」小花說。

****

在辦公室裡，小花是出了名的摳門，幾乎什麼樣的網路團購，她都沒興趣參加。每次同事要邀她一起便宜買好貨時，她總是會愣一會，若有所思地想一想，然後再說「不」。

小花在想什麼呢？事實上她想的是當月的消費清單！小花必須先check一下她月初所列下來的生活必需品清單，看看同事邀請她購買的團購產品，是否有相符合的項目，她才會決定要不要參與。

小花當然並不摳門，也不是對網路消費無感。事實上剛好相反，小花自己要買東西時，常常也都會上網先蒐集情資，往往，她都是第一個告訴同事，哪個網路有推出限時優惠折扣的消費情報高手。也因為這樣，即使小花每次都對同事的網購邀約說「不」，同事們還是會禮貌地告知小花相關訊息，她也因此累積了更多消費情報。

但小花和多數年輕人不一樣的是，她不沉迷於網購和團購，卻會把這種平價又便利的商品購買管道做為她的生活消費工具，而不是反過來被工具制約。「但這需要很大的自制力才行，偶爾我也會想吃吃手工布丁或麵包的滋味啊！」小花說：「但還好，當一想到必須買徹每月存 8,800 元的目標時，我就會變得理性與自制一點了。」

重點是——**年輕人得學會列下自己的儲蓄目標，並將之視為人生中的頭條規章。這樣一來，即使收入有限的人也會強迫自己消費有所節制，久而久之，不成為精打細算的消費高手也難！**

學消費：誰說27歲不能當幸福小富人

看電影是生活必需，
還是想要的奢侈品？

💰 看電影前做功課，省荷包又不怕爛片上門

　　「看電影是生活中『需要』的必需品？還是『想要』的奢侈品？」剛開始儲蓄的頭幾年，小花經常和小強一起討論這個問題。這問題看起來好像很無聊，但關係可大了！關係什麼呢？當然是荷包！

　　「如果是生活必需品，就經常得編列預算看電影；但如果是奢侈品，當然能省則省囉。」小花說。

　　面對這問題，小強態度堅決的認為是生活必需品。「拜託，你生活中都沒電影，不覺得很無趣嗎？」小強繼續補充說明。「更何況，你不看電影，和朋友就沒討論話題了。難道你要我都沒有朋友嗎？」

　　「如果是生活必需品的話……」小花說：「那也許有省錢之道，那就

是……多上網 download 影片來看。」

「啊？」小強說：「那多沒趣……。」

「怎麼會沒趣？再說，如果是生活必需品又幹嘛要有趣？」頭腦清楚的小花說。

「可是到電影院有舒服的沙發，又有寬敞的銀幕，又有立體音效，看起來才過癮啊！」小強說。

「照你這麼說，看電影就是一種享受與奢侈品囉！」小花說：「那以後每三個月才看一次。」愛看電影的小強，聽了忍不住要哭了。還好小花又接著說：「我是說，好看的、值得到電影院去看的，我們每三個月再挑片去看。普通一點的，我們就在家看。」

「這樣做的好處是，我們會更精挑細選好片，才會上電影院。」小花補充說。

「對，你真聰明，這樣我也必須多做功課，確認是好片、值得上電影院細細品味的優質影片，我們再一起動支專案預算去 happy 一下。」小強開心地說。

說也奇怪，自從兩人確認過看電影的共識之後，每到了要挑影片前都會先過濾一輪，反而降低了不少看到爛片的機會。小花後來也因此發現，**很多人喜歡看電影，不管是上電影院或坐在自家沙發上看 HBO，常常只是為了打發時間而已。但時間就是金錢，幹嘛把生命花在看電影殺時間上頭，這樣不是很浪費錢嗎？**

有了這個體認後，小花和小強慢慢也建立起了非好片不看的模式，反而多出了很多間可以去運動或旅遊，讓生活更豐富了起來！

學消費：誰說27歲不能當幸福小富人

我家裡像皇宮一樣，漂亮又古典！

💰 能買二手，就不要買新產品！

「哇，你這張書桌好漂亮，是原木的耶！應該很貴吧？」小麻雀有一次到小花住的地方聊天，看到她所使用的書桌與椅子都很典雅，忍不住讚嘆了起來。

「喔，是二手的古董，但是很便宜喲！」小花說。

「還有，你的床頭櫃也很有質感，看起來就想摸一摸。」小麻雀說。

「喔，那也是跳蚤市場買的二手貨。」小花說。

「該不會連你的電視、冰箱也都是二手的吧？」小麻雀半開玩笑地問。

「沒錯啊，是二手的，很便宜但還很耐用、耐看。」小花得意地說。

「ㄟ，你有沒有搞錯，你已經是小富婆了耶，幹嘛省成這樣？」小麻露出不可思議的表情。

小花卻說：「就是因為省，才會變有錢啊！」

「你的生活真無趣耶。像我逛街，看到喜歡的就買了，哪會想那麼多？」小麻雀喝口茶說。

「ㄟ、ㄟ、ㄟ，同學，我也是喜歡的才買好不好？」小花邊抗議邊說：「只是你喜歡買新的，而我喜歡買好看、實用又便宜的二手貨！」

「既然喜歡，幹嘛不買新的？反正那麼喜歡。」小麻雀說。

「喜歡有分新、舊嗎？」小花反問。「我認為分享是很好的觀念，況且，我和這張書桌只發生短暫的使用關係，將來有一天我買新房子了，搞不好我也會拿到二手市場賣掉，分享給下一個人。」

「那你買這麼好看的桌椅要幹嘛？最後還不是要分享出去？」小麻雀不解地問。

「但我已經使用到它們最美好、也最實用的部分了啊！」小花說：「我們消費的目的是什麼？不就是為了要使用或享用東西的價值嗎？如果我要的是實用性功能，東西能用幹嘛買新的？」

小花接著說：「如果我要的是它美麗的欣賞價值，那美麗跟新舊又有何關係呢？」

小花的生活經驗是：**凡購買一樣東西前，先問問消費的目的是什麼？如果是要實用性，那二手貨為何不是好東西？如果是要美觀，那回收的家具或家電，為何不能是美麗之物呢？**

學消費：誰説27歲不能當幸福小富人

能自己做包包又何必花錢呢！

💰 食衣住行育樂，樣樣都得花在刀口上

什麼叫生活？食、衣、住、行、育、樂而已！

什麼叫消費？花錢去購買食、衣、住、行、育、樂之消費品。

什麼叫生活中的消費高手？正確的答案應該是──懂得自己生活中所需的食、衣、住、行、育、樂項目，並能夠為這些項目設定清楚的目標，再透過有限的金錢預算，達成最有效率也最適合自己的消費方案。一談到消費高手，就直接連想到「精打細算」。但在這個商品化的時代，精打細算若缺乏目標，很容易就淪為消費而消費、為精打細算而精打細算的過度消費者。小花的故事告訴我們，真正的消費高手應該是先精打細算好自己要的生活方式，並審慎評估長遠的人生規劃。

人生，是要先苦後樂？還是先樂後苦？

是要先降低支出，好為將來儲蓄更多的支出能量？還是要及時行樂，先把錢花在當前的享樂上？

有別於多數年輕人漫無規劃的人生，小花理性地選擇了先苦後樂的人生，同時又懂得進一步縝密規劃如何苦中作樂，用最少的金錢達成最高的生活享受，因此很快就達成了財富目標。

在這個過程中，小花也沒讓日子過得過分拮据，因為當她把儲蓄這個理財計畫列為人生的最優先項目後，她也自動跟著學會了如何在有限的金錢資源下，理性規劃當下的生活。當她懂得理性規劃生活後，生活中的食、衣、住、行、育、樂項目都可以區分為「不需要用錢買的」，以及「需要花錢消費的」。

在盡量提高不需花錢的生活項目後，自然能夠在扣除每月必存的8,800 元後，用有限的資金有效支應受到控制的生活消費品，並達成最高性價比的消費行為。

像小花這樣，透過層層節制的理性規劃，不到必要就不花錢的習慣，才真有辦法把錢都花在刀口上，讓生活中的每一項消費項目，都能以最具經濟效益的方式達成。

所謂消費高手，應該是先懂生活，再談消費。先懂得免錢就能達成生活所需的目標，再來談消費品項，然後再排列優先次序。用有限的金錢預算達成消費目標，才叫做精打細算的人生！

學消費：誰說27歲不能當幸福小富人

我卡有錢！

我是有錢人啦！

原來只要錢夠用，
大家都是『有錢』的人。

💰 做好理財再消費，每個人都是有錢又富裕的人

「什麼時候，我才能過有錢人的生活？」小花和男友小強努力存錢約三年的時候，她有一回忍不住寫信來問我：「因為和同輩相比，我這生活實在有點清苦與寒酸。我不知道何時我才能出運，變成一個有錢人，過著富裕的人生呢？」

我回信告訴她：「你有沒有想過，什麼叫『有錢人』？『有錢人』的定義是什麼？」同時我又問她：「什麼叫『富裕』人生？你如何定義『富裕』？」

關於這兩個問題，她想了好幾天後，才回信告訴我：

「王老師：

　　您問我的問題，我想了好幾天，也有過好幾個答案。比如，我曾認為口袋應該至少有一百萬，才叫有錢人。但後來我問我爸爸，我爸爸說至少得有千萬才能叫有錢人。後來我又上網查詢，發現曾經有媒體調查後指出，多數台灣人心目中的有錢人應該是擁有三千萬資產以上的人。

　　我這樣一路想下去，終於想通了一件事，原來，有錢人的標準每個人都不同。有人只要一點點錢就覺得很有錢了，有些人卻得擁有千萬財富。可見，這是因人而異的。

　　像我的存款已經破 30 萬新台幣了，同學們都覺得我很有錢，可是卻又嘲笑我活得像個窮光蛋。但我在努力存錢的過程中，我活得很快樂、很充實，也很有目標，我並不覺得我很窮苦。因此我認為，我現在的生活就很富裕了，因為富裕應該是一種感覺——感覺錢都夠用！

　　我並沒感覺到我缺錢，所以，我應該是很富裕的才對。

　　謝謝你問我這兩個問題，讓我搞懂了，原來我是跟別人比，看別人亂花錢，所以覺得自己很窮。但如果捫心自問，我其實是很快樂的，存款數字只要再努力個五年，就可以破百萬了，我為何要覺得自己很窮呢？

　　所以我搞懂了，所謂『有錢人』，就是口袋有錢的人，那天下人幾乎都是有錢人了。所謂『富裕』，就是生活不缺錢，又活得很快樂，那我現在就是啦！

小花上」

　　小花果然是聰明的女孩，一點就通。**所謂「有錢人」，就是口袋有錢的人；所謂「富裕」，就是生活不缺錢，又活得很快樂。這真是有智慧的答案，也是透過理財達成的效果，誰說理財只是傻傻的存錢而已呢？**

學消費：誰說27歲不能當幸福小富人

哇！來逛畫廊的人都好有品味！

💰 逛畫廊、聽演講，才是最時尚的精神享樂

自從小花開始覺得自己是有錢人以後，她的生活態度也開始改變了。

她有次就跟小強說：「既然我們都是有錢人，你覺得，有錢人應該怎麼過生活呢？」小強想了一想說：「我覺得有錢人都很喜歡買名牌包、名牌衣服，還有住豪宅。」

小花問：「你為什麼會這樣覺得？」

小強說：「電影與電視劇都這樣演的啊！」

小花想了一想，有點洩氣的說：「但那些都得花大錢買，看來我們是不可能過那種生活了。」

小強為了安慰小花，又補充：「當然，除了這些以外，我覺得有錢人都很有品味。他們之所以要花大錢買時尚的包包，以及知名設計師所設計的衣服或房子，不外是讓他們的人生很有品味。」

「品味？」小花問：「品味是什麼？是到 IKEA 買好看的傢俱嗎？」

「不！」小花自己回答自己說：「所謂的品味，應該是讓自己生活得美美的。走！小強，我們就去美術館看美美的畫吧。」

小花和小強因此開始養成去美術館看藝術品的習慣，並不知不覺培養了美學的素養和鑑賞力。有時，他們也會到藝術博覽會看畫，甚至逛街時就到畫廊逛逛。

他們發現，**原來要讓人生活得很有品味，有時根本不用花錢。**

在逛美術館、畫廊的過程中，他們也因此多接觸到了一些演講與藝術表演資訊，並驚訝地發現，很多演講並不需要花錢就可以入場。即使是藝術家的表演，也有很多是免費的街頭藝術。

「原來常去看畫、聽演講的人，都是有品味又有高學習力的人啊！」小花有感而發地發現，這些人除了精神內涵豐富外，往往從他們的穿著和談吐也突顯出他們的財力高人一等。

小花因為常參與這些有品味的活動，不知不覺眼界也打開了，和同事、朋友講話的話題開始涉足藝術，並且越來越有深度。許多朋友看到小花在臉書上經常分享參與演講與藝術活動後的心得，也忍不住按讚並塗鴉說：「果然是小富婆，過的生活還真時尚又有品味呢！我們這些窮光蛋都過不起這種高尚生活呀。」

小花和小強忍不住竊笑：「**高尚的生活根本不用花錢買，只要改變生活習慣和態度，馬上就可擁有了。**」

學消費：誰說27歲不能當幸福小富人

💰 到精品店喝咖啡，用有錢人的想法品味人生！

「這裡有間精品店，走，我們進去看看吧！」小花和同學小麻雀有次相邀去逛街，看到鬧區最時尚的精品店，小花一個箭步就想走進去。

小麻雀卻拉住小花說：「你別鬧了，我們又買不起，進去幹嘛？」

「奇怪了，有規定不買東西不能進去嗎？」小花對小麻雀說：「你別畫地自限了，就把精品當藝術品來欣賞，難道不買畫就不能逛畫廊或美術館嗎？」

又有一次，小花看到路邊有推出預售屋的房屋展示館，她也是拉著小麻雀進去。小麻雀忐忑不安地說：「你沒看到門口都站有警衛，停車場也都停著黑頭轎車，我們這樣兩手空空，會不會被人家趕出來啊？」

「怎麼會？」小花說：「你就把自己想成是有錢人嘛，大大方方地坐下來聽人家說明，又不一定要買。難道，看房子就一定得下訂買房才能離場嗎？」

進了氣派又時尚的房屋銷售中心，小姐又是端茶、端咖啡，同時送上小點心與親切和藹的笑容。小麻雀看到桌上堆滿食物與房屋簡介，忍不住拉拉小花的手說：「吃了人家那麼多東西，不買房子，怎麼好意思呢？」

「你別一臉窮酸相，鎮定、鎮定！」小花氣定神閒地說：「我們是來聽取房地產市場趨勢的有錢人，他們賣房屋本來就是要把房屋資訊公開給我們。你何必擔心買不買，或買不買得起呢？」

沒錯，養成了把自己當成有錢人來品味人生的小花，雖然存款積蓄尚未破百萬，卻已經開始習慣把自己當成有錢人了。

有錢人的生活習慣，是能自信滿滿地走入精品店、房屋銷售中心與各種高價商品的市場。他們之所以敢這樣，部分原因是他們口袋有錢，但更重要的原因，是他們總是能自信十足地接受高檔服務。

這是一個商品化的社會，企業界為了銷售商品，總是會先為有錢人提供各種無微不至的銷售服務。但有錢人未必會花錢買單，企業界也不會認為顧客不買東西就很無理！

只要你擁有高度自信，抱持著來品味、欣賞與學習精緻產品、市場資訊和趨勢的態度，沒有一個商家會反對未來的潛在顧客上門。所以，年輕人又何必畫地自限，不敢活得像個有錢人般地自在呢？

PART 5

學工作：
加薪的報酬率最高！

月存8800！
不怕失業危機

8,800 元/月

失業　　失業　　失業

💰 設定每月存款目標，不怕失業危機上身

　　小花不到八年，未滿 30 歲就存到了人生的第一個一百萬元。

　　她除了靠每個月持之以恆的存上 8,800 元以外，還得加上穩定的薪水收入，才能持續達成這一個目標。到了後面三年，由於工作收入增加了，小花的生活水平不但提高，每月存款能力也激增，因此才能超額達成目標，來到 120 萬元的儲蓄成果。

　　很多年輕人常聽到我建議他們，得盡早培養「儲蓄」的習慣時，往往會嗤之以鼻地說：「存款利率這麼低，光死存錢如何增加財富？」這些聰明過頭的年輕人，往往難以明白，養成管理與守住金錢的好紀律，才是一生財富成長的基礎。少了這個基礎，想要快速致富，往往是事倍而功半。

存錢看起來好像很傻，特別是剛開始存錢的時候，真會有積沙難成塔之嘆。但只要持之以恆地保持這一個習慣，說也奇怪，一個年輕人的生活習慣會慢慢轉變，進而影響他的工作態度。

小花就是這個低經濟成長年代的最佳見證，為了達成儲蓄目標，她必須讓自己做到工作收入不中斷；而為了讓工作收入不中斷，她就不會像多數年輕人一樣，輕易地因為不爽環境而換工作。

工作的穩定度高，讓小花出乎意外地成為老闆喜歡重用的人，也讓她的薪水水漲船高。相較於多數年輕人沒幾個月就換工作，小花卻能任勞任怨地待在同一家公司好多年，直到更好的就業機會來臨時，她才會考慮異動。

在這樣的就業穩定度下，小花一來得到了每月穩定的薪資，並達成了每月固定儲蓄 8,800 元的理財目標，同時也讓她贏得了職場的好口碑和好信譽，因之並不用擔心失業危機。為什麼小花不擔心失業危機呢？因為如果公司要緊縮人力規模，認真又穩定工作的小花，永遠都不會是第一個被裁掉的員工，反而是第一個老闆想極力挽留的好員工。

理財看起來好像只是存錢，但透過這個存錢動作所養成的生活好習慣，間接也促成了年輕人在職場上培養出老闆最喜歡的負責任態度。因為一個能對自己人生負責任的人，肯定也能對工作負責。

像小花這樣的好員工，老闆不喜歡她還能喜歡誰呢？

學工作：加薪的報酬率最高！

你工作認真，又穩
定可靠！讚！

💰 七年薪水翻倍，年成長率高達 12%！

　　理財的重點是維持日常生活的收、支平衡，對一個年輕人來說，想要透過理財變有錢，除了要努力節流以外，開源——也就是開創收入，是另一個重點。

　　收入大於支出，才會有儲蓄。

　　這是很簡單的道理，但是，多數年輕人的思考順序卻弄顛倒了。

　　多數人都先想開源，再想節流，最後收入有剩的才會變成儲蓄。但在低經濟成長、低起薪與高失業率的年代，多數人的就業收入並不會太高，加上商品化社會的高消費力，口袋的現金收入要變成最後的存款，顯然非常困難。這就讓年輕人很快的思考到：「為什麼不學習投資股票，來開創

更多收入呢？」

　　會這樣想的人顯然是認為，投資股票的回報率比上班收入更高且更多。但事實上這是誤把股票「投機」當「投資」，是在追逐股價低買高賣的資本利得，而不是投資股票所獲得的企業盈餘分配（股利或股息）。

　　投機的成功者，報酬率當然可以很高，高到可讓本金在短短一年內翻倍都有可能。但問題是，成功的機率卻很低，有時低到比中彩券還低（對於个諳投機策略的人來說，真是如此）。

　　投機的成功率不高，但投資卻只要選對好股且逢低進場，通常年回報率就可輕鬆來到 8～12%（但要耐得住性子抱住）。

　　如果年輕人能正確認識到，8～12% 的股票回報率是正常水平（但還得是經濟平穩而非衰退時期，否則會再更低），那麼，和這樣的投資回報率相比，工作本業的薪資成長幅度還比較好。

　　認真工作的小花，就是明顯的成功案例。七年前她起薪 2.5 萬，三年後薪資調整為 3 萬。三年半後，她換新工作，起薪降至 2.8 萬，但兩年後就調整到 3.5 萬。兩年半後，她被挖角到新職，起薪 4.5 萬，適用期滿後調升到 4.8 萬元迄今。**換算七年來，認真工作的小花，薪水翻了快一倍，折算年複合成長率達 12%，比股票投資還划算。**

　　小花的成功方程式很簡單，也就是把「收入大於支出，才會有儲蓄」，這句話倒過來思考就是：先把每月該儲蓄的錢從薪水帳戶中轉出，再控制好每月花費，最後再養成認真工作的好習慣。

　　最終的成果，卻是薪水調升得比別人快，儲蓄的目標自然更快達成！

學工作：加薪的報酬率最高！

💰 薪水現在沒漲，不代表日後沒機會成長

　　很多年輕人喜歡抱怨薪資成長慢，但薪水現在沒漲，不代表日後不會漲。只要自己的競爭力夠，薪資成長狀況往往像爬山，一開始是小緩坡，甚至盤旋於谷底，之後才會慢慢爬上一個小山頭。

　　如果要從一個小山頭再爬到另一個高峰，往往還得透過轉換工作，甚至先接受比原先高峰期薪資稍低一點的數字，才能再攀升到另一個高峰。只要自己的職場競爭力夠強，透過山峰連綿般的轉職法，往往峰迴路轉、回頭一看，自己的薪資十年間已經調高了不少。

　　但很多年輕人沒耐心等到老闆加薪前，往往就先把老闆開除了。

　　小花也曾經問過我相同的問題，她在工作第二年時就寫信問我：「薪

資一直停留在 25K，什麼時候才能有更高的薪水呢？不然像我這樣努力存錢，生活卻過得這麼拮据，這樣的日子還得過上幾年呢？」

我回信告訴她，**職場往往有薪水的邊際效應遞增法則，也就是在同一間公司待得越久的人，職場的薪水增加幅度會越來越高。**

也就是說，一個人在一家公司所提供的勞務，一開始並沒有辦法交換回等值的回報，而往往有起薪較低、回收與投入不成正比的低估現象。但這不是老闆刻意虐待勞工，而是對雇主來說，他要投入教育新員工的訓練成本比較高，所以無法給與員工較高起薪，因為背後有訓練與磨合成本必須扣除。

等到兩、三年過去後，員工通過雇主對專業度、適任度和忠誠度的考核後，訓練成本會驟降，雇主也較願意將這些潛在雇用成本挪回去給適任的資深員工，以做為鼓勵留任的薪酬。這時薪資增加幅度就會遞增，而且除了增加到該位階的薪資正常幅度外，往往還會多上一點時間溢酬。

換句話說，**只要年輕人的工作績效夠好，在一家公司待得越久，薪資回報率會越久越吃香。**小花後來的職場經驗，也印證了這一個職場薪水的邊際遞增法則。

像小花第一份工作起薪才 2.5 萬，但要熬了整整三年，才一口氣提升到 3 萬。當她 3 萬元的薪資站穩以後，這個水平線就會被維持住，只要小花不失去就業競爭力，3 萬元月薪就會是她往後的就業行情。

學工作：加薪的報酬率最高！

忍耐！職場要先學
會蹲馬步！

💰 別怕起薪低，要怕沒學到職場真功夫

「其實我自己也不知道為什麼薪水調得比別人快，可能老闆覺得我很好用吧！」小花回想進入職場這七年，薪水會跳升快一倍的原因，可能出在她不挑剔工作，同時也不會抱怨過於艱鉅的任務挑戰。

小花說：「人在職場，傻傻地做就對了。誰叫我每月必須存 8,800 元，對於工作任務，有什麼好挑剔的呢？有持續性的穩定收入就很讚了。」小花其實一語道出了職場加薪的秘訣，就是要讓老闆覺得你很好用。很好用，加上績效又不差，當然加薪會比別人快上一點。

但對員工來說，關鍵的困難點在於——如果主管經常給你不一樣的任務，你要如何讓不同領域的挑戰都能出現高績效成果呢？

答案當然是——做中學，透過執行任務的過程來學習。

很多年輕人一碰到過去沒做過的事情，總會心生抗拒，而後選擇逃避。但一旦逃避新挑戰，自己的工作能力和經驗，就會被限縮在特定範疇內，這其實是對職涯發展最不利的情況。特別是隨著科技日新月異，產業變化快速，擁有多元職場能力的人，總是比只具有單一專業能力的人吃香。如果多元能力都能做到很專業，那當然就更具有競爭力了。老闆付一份薪水，卻能請到能做兩到三樣領域工作的人，自然比較願意調高這類武功多元又高強的工作者。

所以，年輕人在剛就業時，不應該只看起薪的高低，而應該看這份工作能學習到什麼東西？只要能學到東西，將來這項技術或能力就長在自己身上，誰也拿不走了。

具有越多元能力的人，透過能力的交叉、綜合效應，會產生更奔放的創意和能量，使得自己的工作方法更為與眾不同，從而產生與同儕人士差異化的工作表現，自然能讓工作競爭力更強。

另外，還有 點很重要的是，**職場的穩定度也是影響老闆加薪意願的關鍵要素。如果一個年輕人很有能力，但卻經常異動、跳槽，老闆就算再欣賞他，也不會想要高薪為別人訓練人才。**

相對地，就業穩定地高，加上能力多元、廣泛又專業，薪水成長幅度自然是越老越吃香！

學工作：加薪的報酬率最高！

老闆！
我要加薪！

總經理

💰 學習談加薪的技巧，別怕敲老闆的門

小花有一次寫信來問我：「我該如何跟老闆談加薪呢？」

我回信告訴她：「你覺得你的工作績效與表現，有高人一等，值得加薪嗎？還是你只是覺得一個地方待久了，加薪是應該的？」

小花想了幾天，回信告訴我：「我覺得我工作表現並不差，不過，該學的東西還很多，這份工作還有很多我可以做得更好的地方。」

我簡潔明快地告訴她：「那就請把這邊當作可以免費學習的職場學校，把你賺到的學費就當作是加薪吧！」

一年後，小花又來信告訴我：「我覺得我在這邊的學習已經差不多

了，每種工作差不多都可以勝任，我想跟老闆談加薪，不然，我會很想走人。」

這一次我卻告訴小花：「去敲老闆的門，談談你的心情吧。告訴主管，謝謝他這麼多年的栽培，讓你的能力有高度的成長。但是，請別直接告訴他你要調高薪水，只要告訴主管：『你覺得如果我將來薪水要成長的話，還有什麼地方需要改善與加強？』」

小花聽了我的話，找了一個機會和主管喝咖啡，請教她該如何再提升自己的能力。果然，老闆給了她很多肯定，也提供她不少過來人的建言。但最重要的，沒幾個月，小花的薪水就調上來了。

這個案例說明了，要和老闆談加薪，最起碼得有三項要件符合：第一、自己的能力和績效要確實勝任該職，甚至經常要有超越水平的表現。

第二、要鼓起勇氣去和決定你薪水的主管促膝長談，談自己過去一年的表現，也請他給你建議。

第三、除非是在外商公司，否則不要開門見山要薪水，而要用以退為進的「感恩法」，或敲山震虎的「暗示法」，暗示老闆你付出得夠多、表現得也夠好，因此值得更高的待遇。

談薪水，其實是一門和主管溝通的大學問！很多職場上班族只知任勞任怨地做，卻不知適時讓老闆知道你的好表現，以及你期待更高的薪資，結果往往造成懷才不遇與過度壓抑自己不滿的負面結果。

最好的調薪法，應該是勇敢去敲老闆的門，用高明的溝通技巧拋出加薪期望。至於老闆要不要加薪？員工也只能平常心以待，不能想太多了。

學工作：加薪的報酬率最高！

是的，老闆！是我做得不好。

伸手不打笑臉人。

你上次那個案子……算了！下次別犯了！

💰 學會說話，錢不跟你也難

「我的第一份工作，其實我也不太滿意，因為同事講話都很毒，老闆也常罵人。如果不是為了存錢，我根本也忍不下來。」小花回憶剛踏入社會的情形時說。

我覺得她真的說出了許多年輕人的心聲──為什麼工作要這麼沒尊嚴呢？但話說回來，為什麼一個剛入社會的年輕人，工作時會失去尊嚴？當別人兇巴巴地教訓社會新鮮人時，你有沒有想過，這是為了什麼？

想一想你在學校的時候，如果有同學來問你一個很簡單的數學問題，但他卻老是聽不懂，你會不會很生氣地想罵人：「我都講幾次了，你怎麼都聽不懂？」這就是初入職場時，年輕人常碰見的問題。因為別人覺得很

簡單的事情，你卻沒做好，所以你常會被主管，或被資深員工瞪白眼……。這些讓你覺得很不好受的態度或言語，原因其實都只有一個——你的經驗不足！

其實，問題不是剛進入職場的年輕人有多笨，而是新手總是經驗不足。經驗不足的人會遇到這些狀況，是再正常不過的事情了。但問題是，有多少年輕人懂得忍下來呢？

越是在舒適環境中成長的年輕人，越是難以接受挨罵或被釘，因為他們會覺得工作很沒尊嚴。小花如果不是接受我的建議，以每個月存下8,800 元為目標，所以必須保有工作的話，她應該也很容易在第一份工作上就陣亡了。

但她沒有，而且她還做了三年半，游刃有餘。

一開始，小花是用忍的，但因為在同一間公司待久了，她才慢慢明白，原來是她一開始做得不夠好。當她想通了這道理後，她就總是用正面的態度來看待那些擺眼色給她的人、事、物。

當她越懂得笑眼迎人，同時越會自我解嘲來化解被罵或被指責的尷尬時，她覺得主管或同事反而不太會刁難她。這跟她剛入職場時，總是要辯護自己不是故意的態度，有著天壤之別。

「我發現只要嘴巴甜一點，並且虛心接受別人的指正時，好像很多衝突或爭吵就可以被避免掉了。」小花說。

在職場上，學會跟人溝通是很重要的事情，在據理力爭之前，先想想別人為何生氣，往往彼此之間才會有正向互動。當一個人越懂得溝通，就越容易獲得主管欣賞，加薪自然也就不難了。

貴人、人脈，都是
靠自己灌溉！

💰 培養好人緣，為貴人人脈澆水

懂得說話的人，人人都愛，自然人緣也會變好。

好人緣有什麼好處呢？

第一、同事喜歡你，所以工作比較愉快。第二、老闆喜歡你，所以加薪比較快。第三、同行容易欣賞你，所以被挖角也容易。

小花工作三年半後，就是在昔日離職的資深同事引介下，才順利轉換到另一家公司。起薪一開始雖然從 3 萬調降為 2.8 萬，但三個月試用期過後，就馬上調整回原來的薪資水平。

之後，因為工作表現不錯，薪水一年後就調整為 3.2 萬，第二年後再

調高為 3.5 萬。

　　第三份工作，小花也是在資方透過人力銀行網站的資料庫搜尋後，主動來向小花洽談，並直接以 4.5 萬起薪挖角。

　　事後回頭看，小花七年間的薪水好像三級跳，但成功的關鍵卻有三個：第一、小花肯透過後天學習來累積專業；第二、小花的職場穩定度夠，容易贏得主管的信任和拔擢；第三、小花每天總是笑咪咪工作，為她贏得了好人緣。

　　如果要問我，好人緣的最大好處是什麼呢？我會說，就是可以為自己埋下高薪跳槽的好機會！坦白說，在經濟低成長的年代，一個上班族要在一間公司內部被快速調高薪水的機率並不高。除非年輕人自己的運氣很好，一開始就進入一家獲利高速成長的公司，否則，薪水想要三級跳，只能憑能力往更有賺錢、同時也需才孔亟的公司去跳。

　　但要談跳槽，談何容易呢？年輕人主動去找，往往會不得其門而入，甚至還會碰上一鼻子灰。一動還不如一靜，也就是透過別人主動來找你，被挖角的機會還比較高。

　　想要別人主動來挖角你，任何職場工作經驗的勝出者都會告訴你，最好的辦法就是廣結善緣。因為你不知道誰會因為欣賞你，而將你推薦給需要高薪延聘人才的老闆。所以，最上上之策就是永遠不要得罪人，而且還要讓每一個認識你的人都對你留下好印象。

　　好人緣，加上專業能力，就是別人樂意推薦你到更好位置的關鍵鑰匙！所以，別再感嘆你現在的薪水很低，只要努力培養能力與好人緣，貴人永遠都在你身邊。

學工作：加薪的報酬率最高！

不會吧！

好難～

這個工作交給我！
沒問題的！

💰 自信心是領高薪的核心成分

「這份工作我恐怕無力勝任。」、「這樣工作好難啊，又沒人教我，該怎麼辦呢？」、「老闆要的東西我交不出來，明天開始乾脆就不要上班好了，薪水也不要領了，離職算了。」

初入職場的年輕人，遇到困難的工作時，難免會有怯弱表現。但若是以不負責任的態度來面對，比如手機關機失蹤，那可是會影響將來一輩子的工作前途。

在職場上，負責任的態度是影響日後發展的重要關鍵；一個負責任的人，才會有坐領高薪與薪資三級跳的本錢。但一個人是否能夠扛起工作責任，除了跟自己的專業能力有關外，更大的影響因素應該是內在的自信心。

職場上很多解決問題的能力，其實都是後天加以學習和累積的。學校所教的專業知識，往往和職場的運用還是有落差。所以，專業知識並不是解決工作問題的唯一要項，更多時候是自己有沒有辦法靜下心來，思考問題、尋找資料，並且嘗試從錯誤中累積成功的方法。

但一個沒有自信心的人，往往遇到困難就會先臨陣脫逃，而不是靜下心來思考問題。要一個年輕人馬上提高職場自信心，有時也是困難的，這時候，我認為最好的方法就是硬著頭皮做下去，慢慢地，在職場上的經驗豐富了，工作的自信心也會提升。

以小花來說，她的同學如小麻雀經常換工作，很大原因就是每當感覺工作挑戰度增加時，就選擇離職、逃避，以免被老闆或同事苛責而自信心受挫。但對小花來說，她因為已經決定無論如何都要每月存上 8,800 元了，所以當她在工作上遇到再困難的挑戰，也沒辦法逃離崗位失去薪水。

「我剛開始工作做不好，也常被老闆罵啊！但是，臉皮厚一點，罵久了也就沒感覺了。加上自己工作慢慢上手了，好像也比較少被唸了。」目前月薪已經是 4 萬 8 千元的小花，回憶剛出社會的那段口了時說。

小花說：「現在我遇到困難的任務，都不會選擇逃避，而會思考解決問題的方法，從突破困難中去建立成就感。時間一久，慢慢就會覺得，職場的最大樂趣並不是賺錢，而是成就自我的能力。」

瞧！才工作七年，小花已經是個自信心滿滿的工作者了！

嗯！我的優點
就是美麗……。

💰 善用 SWOT 分析為自己尋找高薪機會

職場薪水是維持日常收入最重要的來源，因此，想要做好理財工作的年輕人，在學會控制支出、管理好日常消費之後，更重要的事情應該是保持穩定工作的好習慣。因為只有穩定工作，才得以保持不中斷的現金收入，並有效達成日常收支的平衡管理。

如果一個年輕人能正確認識到，穩定的工作收入是讓理財達到收支平衡最有效率的方法，那麼，在他進入社會的第一個十年，應該是要以提高薪水收入做為第一目標。

若要達到高薪目標，該怎麼進行職涯規劃呢？

第一，利用自己的優勢能力工作，可說是領高薪第一要點。因為自己

最擅長的事情，也會是最勝任有餘，可以領較高薪資的能力。

第二件事情，是要不斷地改善自身弱點，讓自己的工作能力能邁向多元化，同時也要不斷改善、精進既有能力。

第二，要仔細觀察產業的客觀機會，讓自己能進入高成長的產業或公司，才能與公司一起成長，享受事半功倍、加薪三級跳的成果。

第四，要經常觀察產業變遷與市場競爭的威脅，不要讓自己的能力一直停留在人力過剩、薪資水平不高的劣勢位置上。

以上這四個思考法則，就是一個簡單的 SWOT 分析法：**客觀地列出自身優點（Strengths）、缺點（Weakness）、機會（Opportunites）與威脅（Threats）。讓自己的優勢能力盡量擺在具有成長機會的位置上，並在面臨競爭威脅時，懂得化弱為強，透過自己的第二、三專長創造自我價值，如此才有可能擺脫薪水過低的困擾。**

以市場法則來說，一個需要 A 種能力的職缺，如果人力就業市場上有過多這種能力的人，則薪資水平就會因供給大於需求而上不來。而且，能夠在激烈競爭中勝出者，也必須 A 種能力出類拔萃才行。所以，維持自身的優勢能力在別人沒有、只有自己擁有的領域上，就是善用 SWOT 分析法來定位自己的重點。

能成功加薪的工作者，往往是能把優勢能力放在高薪機會最高的地方；低薪工作者則剛好顛倒，他們往往用比較平庸的能力，去應付產業走下坡或公司競爭力不再的工作，當然就離高薪工作越來越遠了！

學工作：加薪的報酬率最高！

嗯！投資我的事業賺最多吧！

BOSS

💰 用當老闆的心工作，投資自己最好！

「我男朋友小強一直告訴我，只會工作太傻了，年輕人得及早學會投資，特別是股票，將來才有機會致富。請問王老師，這樣的說法對嗎？」

在小花剛開始工作的那一年，她一直寫信問我，是不是該及早把錢拿去投資股票？

七年後來看，這個問題顯然已經有了最好的答案。透過儲蓄、認真工作，然後再獲得儲蓄與加薪的回報以後，小花可投資的本金變大了，加上她也懂得像老闆一樣，自己設定目標、為自己好好工作了，那麼，她當然就可以好好學習投資股票囉！

初入社會的年輕人，起薪不高、儲蓄不多，能投入股市的本金想來也

很有限。加上社會經驗不豐富，不懂得企業運作規則，自然很難辨別哪家上市櫃公司比較具有獲利競爭力。在本錢少、經驗不足下，年輕人太早就想要靠投資獲利來打敗工作收入，顯然有點緣木求魚。

更何況，任何投資想要獲利，關鍵的前提是要具備像老闆一樣的經營思維、眼光和格局，否則並不容易判斷好哪一樁投資買賣的獲利機會比較高。但要培養老闆的思維和眼光，還是靠職場學習比較快。

如果一個年輕人懂得自己為自己設定理財目標，為了有效率地達成目標而學習穩定工作，然後再懂得如何提高薪資工作，那麼在這些目標達成的過程中，他的一切努力都將潛移默化地改變這個自我的工作高度，讓他變成一個像老闆一樣的工作者。

所謂像老闆一樣的工作者，就是懂得以自己的人生為主體，投資自己的人生，也為達成自己的人生目標而工作。這話說來簡單，但很多年輕人工作很多年了，還是會有很多不知為什麼要工作的感嘆。工作，事實上只是一種手段。一者是工作有收入，可以達成自己為自己設定的理財目標，二者是透過工作來學習解決問題的能力，可以獲得自我成就感。

懂得為自己的理財目標與自我成就感來工作，這樣的上班族，就是懂得像老闆一樣工作的高效能工作者！高效能工作者因為懂得像老闆一樣工作了，要他去投資其他企業老闆所開的公司，也就是所謂投資股票，不也能事半功倍？

PART 6

學風險：
人生哪裡沒意外？

💰 為什麼上班一定要付勞、健保費？

「為什麼我的薪水明明是 2 萬 5 千元，可是進到銀行帳戶裡卻少了快一千元？」小花工作第一個月後，就滿臉疑惑地問男朋友小強這個問題。

比她早出來工作的小強笑著說：「傻瓜，那是勞保與健保費用啦，政府直接就從你的薪水裡幫你扣除了。」

「什麼是勞、健保？為什麼政府可以直接幫我扣除？難道我不能不加入嗎？」小花還是非常疑惑。

小強搔搔腦袋說：「說真的，我自己也搞不清楚，只知道這是一定要繳的。要不然，你去問問王老師好了。」小花果然來信問我了，但我告訴她，勞保、健保都是一種保險，但關於保險這東西的觀念，很多人很容易

有誤解，最好我還是當面告訴她比較好。

　　約好一天週末，小花和小強一起連袂來找我，我們約在一家安靜的咖啡店，我則詳細地告訴他們什麼是保險？什麼又是社會保險與民間保險？我問小花：「如果有一天你工作出差，卻被車子撞傷了，需要十幾萬的開刀與住院等醫療費用，請問你付得出來嗎？」

　　小花說：「靠我自己，我應該付不出來吧？」

　　「如果你付不出來，你的雇主也不想照顧你，甚至還解雇你時，那你不是很慘？」我說。

　　看著小花點點頭，我接著說：「**職場意外發生的時候，有參加勞工保險，並且有繳保險費的人，可以去請領傷病給付，這樣自己一毛醫療費都不用付了。如果失業了，還有失業救濟金可領，因為參加勞保時也同時參加了就業保險。你看，由保險來照顧你的意外，這不是很讚嗎？**」

　　「原來如此，我繳的錢就是所謂的勞保費嗎？」小花說。

　　我說：「對！除此之外，像你牙齒痛或感冒頭痛，想去看牙醫或內科時，通常只需繳 50 元門診費用就好。你想，看醫生有這麼便宜嗎？應該是有人幫你繳了部分的診察費用吧？」

　　小花說：「那我想，應該就是所謂的健保，幫我繳了大部分的醫療費用吧？」

　　「沒錯！**健保的全名叫『全民健康保險』，是全國民眾都要參加的健康保險，就跟勞工朋友都要參加勞工保險一樣，同屬於具有強制性的社會保險。**」我說：「如果是你自由參加的，則叫民間保險。」

學風險：人生哪裡沒意外？

人人都付點小保費，發生意外時就可以有大理賠。

希望我不會用到這筆醫療給付。

保險

💰 認識保險互助精神，保費不會白繳

「王老師，我每個月都要繳勞工保險費用，但卻不一定會在職場發生意外，這樣不是很不划算？」小強聽了我向小花解釋何謂勞工保險後，忍不住插嘴問了我這一個問題。

我對小強說：「這是一個好問題，也是一般人對保險最常錯誤認知的一點，因為總認為自己要是沒意外的話，不是很不划算？」就在小強點頭如搗蒜時，我接著說：「但你要反過來想，保險給付應該是一種最好不要發生在自己身上的東西，因為每個人都不想要有意外發生。當沒發生意外時，保險就是一種消耗品，保費就白繳了。但是，一旦意外不幸發生在你身上時呢？」

「這時候平常繳的一點小保費，卻能變成數十萬到百萬的保險給付，此時就變得非常划算了。」小花說。

「沒錯！小花，你真聰明。繳小保費，卻可拿回大筆保險給付，確實是很划算。但弔詭的是，沒人會希望自己發生意外，所以，這筆保險金還是給其它倒楣鬼使用比較好。」我說。

「哎呀，我搞懂了。」小強拍著腦袋說：「保險原來像是一種社會互助機制，大家繳一點小保費，累積出來的大錢卻可以讓不幸發生意外的人領去用。這樣一來，我繳的錢也不是平白無故消耗掉，而是交給有需要的人去用，感覺這好像我媽媽參加的功德會哩！」

「沒錯、沒錯，你們終於搞懂了。」我說：「**保險就是一種社會互助商品，是我為人人、人人為我的產物，保費也是根據意外和死亡發生率來計算整個社會有多少人需要保險給付，然後再平均分攤給每個參與保險者。**」

「如此說來，我根本不用擔心保費會白繳，也不用擔心會多繳，因為只要精算正確的話，大眾所繳的保費與整體意外率發生時所需的理賠金額，應該會呈現一個財務平衡。」小花說。

「的確是這樣。」我說：「但偏偏，這個社會上有很多人弄不懂保險精神，總認為保費會白繳，所以不想參加保險。這種人又以手頭不寬裕的社會弱勢者居多。」

「難怪政府要開辦強制性的社會保險啊。」小強說：「就是為了幫低薪上班族和窮人解決工安意外與醫療費用的負擔啊，我終於了解保險和社會保險的意義了。」

💰 認識勞保，裡頭保障真不少

「但是，王老師，雖然我們上班族都得強制納入勞工保險，但到底發生什麼樣的意外時，我們才領得到錢？而且又可以領多少錢呢？」在咖啡店裡，我向小花、小強這兩位年輕人解釋了大半天保險精神後，小花問了我這一個很務實的問題。

我說：「其實勞保的保障費用可真不少呢，可別以為只有發生意外時才使用得到喔！像你們將來要是結婚生了小孩，就可以請領生育給付。萬一不幸身故，也可以請領喪葬津貼與遺屬津貼喔！」

為了讓兩位年輕人懂得更多，我便簡單地為他們說明了勞工保險的保障和給付範圍。事實上，目前台灣的勞工保險同時涵蓋了就業保險與年金

保險，在這三大保險的保護傘下，上班族可以得到的保障共有七大項。可分點簡單說明如下：

❶生育補助：女性生產之後，可以按分娩當月之前 6 個月的平均月投保薪資，一次領取 30 日的生育給付。等於生一個小孩，可領一個月薪水。

❷傷病給付：被保險人遭遇普通傷害或普通疾病住院診療，不能工作，以致未能取得原有薪資時，正在治療中者，自不能工作之第 4 日起，得請領普通傷病補助費。費用為投保薪資的一半，最長可請領 6 個月。

❸失能給付：被保險人遭遇傷害或罹患疾病，經治療後，再行治療仍不能期待其治療效果，經全民健康保險特約醫院診斷為永久失能，並符合失能給付標準或經評估為終身無工作能力者，得請領失能年金給付。

❹職災醫療給付：被保險人若遭遇職業傷害或罹患職業病，可向全民健康保險醫事服務機構申請診療，並可免繳交健保規定的部分負擔醫療費用，由勞保局代為支付。

❺老年給付：年滿 65 歲，保險年資合計滿 15 年，並辦理離職退保者，可以請領老年年金，每月給付一次，直到死亡為止。

❻死亡給付：被保險人死亡時，其家屬還可以依法請領喪葬津貼、遺屬津貼或遺屬年金等費用。

❼失蹤津貼：如果是從事漁業生產勞動者、航空、航海員工或坑內工，於作業中遭遇意外事故致失蹤時，自失蹤之日起，其受益人得申請失蹤津貼。

學風險：人生哪裡沒意外？

勞健保費，我付的比員工還多呢！慘！

老闆，您真好！

💰 別罵老闆摳門，雇主負擔比你想像得多

聽到勞保有這麼多功能，小強高興地說：「哎呀，太棒了，真希望這些錢我都能領到。」小花瞪了小強一眼：「你白目啊？大多數都是發生意外或殘廢才能領到，你要領那些錢幹嘛？」

「最起碼生育補助、老年年金和死亡給付，我這輩子總有機會領到吧！」小強才剛尷尬的說完話，又忽然想到什麼事情似地，馬上問我：「可是我們每個月繳的勞保費才幾百元，為什麼會有這麼多保障呢？這些保費夠支付那麼多給付嗎？」

我笑著說：「別擔心，你們繳的勞保費，實際上只有全部的兩成而已。像勞工保險普通事故保險費率，大約是按薪資的 8% 計算；另外還有

就業保險，費率為 1%，也就是總保費是薪水的 9%。以小花薪水 2 萬 4 千元來說，9% 所要繳的保費將為 2,160 元。」

「但不對啊，我所繳的錢好像只有 432 元耶？！」小花看看她的薪資單後說。

我說：「那是因為雇主幫你繳了七成，也就是 1,512 元；政府同時還有補助，幫你繳了一成，也就是 216 元。」

「什麼？雇主幫我們繳了那麼多勞保費啊？那我還常常罵老闆摳門，是不是有點不應該。」小強說。

「而且不只勞保費喔！雇主同樣也要負擔員工的健保費達六成，加上政府補助一成，被保險人才負擔三成而已。」我解釋說：「小花，以你的案例來看，若依健保費率為 5.17% 來算，你要繳 372 元，但雇主卻要幫你繳 744 元、政府繳 124 元，你看，上班族繳的比老闆繳的還少。」

「原來如此，那還真的不能怪老闆薪水給的小氣呢！」小花笑著說。

「除此之外，」我接著說：「雇主還要幫上班族按月提繳不低於其每月工資 6% 的勞工退休金，儲存於勞工退休金個人專戶，這個專戶所有權屬於勞工，退休金累積帶著走，不會因勞工轉換工作或事業單位關廠、歇業而受到影響。」

「老師，我聽不太懂，這個勞工退休金和勞保老年給付有何不同？」小花和小強一起問。

我說：「『勞工退休金』與『勞保』是不同的制度，勞工退休金是一種強制雇主應給付勞工退休金的制度，而勞保則是一種社會保險。這兩種併行而不衝突，等於提供上班族雙重的退休生活保障喔！」

學風險：人生哪裡沒意外？

50元就可以洗牙，
健保真萬能。

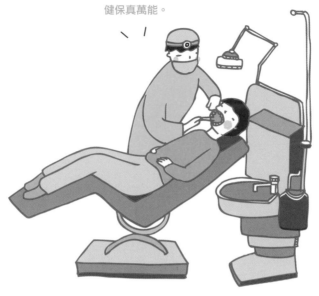

💰 感謝健保，讓年輕人生病少花錢

　　講解完勞工保險的好處後，小花接著問：「那麼我薪水單中還有被扣除掉的健康保險費用 354 元，也是像這樣小保費大保障的保險嗎？」

　　「沒錯！全民健康保險是全體國民從出生開始都要參加的保險，其實是比勞保更實惠、也更貼近民眾生活的一種社會保險。」我解釋說：「因為上班族不一定會發生職場意外，但偶爾感冒、牙痛總會發生的，這時候，拿著一張健保卡就可以花小錢看病，不是很划算嗎？」

　　小花說：「是啊，我前陣子去補牙，牙科醫師就只收門診費用 50 元而已，其它的費用都是由健保幫我給付嗎？」

　　我說：「全民健保是一種全民互相幫助的制度，平時大家按照規定繳

交保險費；萬一有人生病，政府就會利用收到的保險費，幫病人繳付部分醫藥費給醫療院所，這樣我們生病時就可以用比較少的錢，得到適當的醫療照護。」我接著解釋：「健保的保險費同樣是由民眾、雇主和政府三方面所共同分擔。比如你繳了 354 元保費，雇主可能就得幫你繳 1,202 元，政府則負擔 200 元。你看，勞工享受的還是比較多。」

「哎呀，這樣我下次真的不能再罵老闆了，原來他負擔我的福利可真不小啊！」小強說。

為了讓小強和小花更理解全民健保的好康，我為他們簡單說明了健保支付的項目範圍：

❶ 以健保身分看病，健保會幫投保者支付大部分的門診診療費用和藥品費用，看診者只要支付小部分的費用就行了。

❷ 同一療程，除了第一次診療需要繳交門診基本部分負擔外，療程期間內都免除門診基本部分負擔。

❸ 急診時所做的處置、檢查、檢驗或給藥，健保署都有幫民眾負擔大部分的費用，民眾只要繳交「急診部分負擔」即可。

❹ 需要住院時，健保會幫投保者支付大部分的「保險病床的病房費」和「住院費用」，病人只需要支付 5% 至 30% 的住院部分負擔。

❺ 當醫師和護理人員到病人家中提供居家照護的醫療服務時，健保會支付相關費用。

❻ 健保同時提供各類癌症末期病人、漸凍人及 8 類重症末期病人的安寧緩和醫療照護。

「最重要的是，」我說：「若罹患像癌症這樣的重症，除了少部分自費負擔外，大多數醫療費用都有高額補助，這對年輕人來說就是最大好處了！」

學風險：人生哪裡沒意外？

雖然你走了，很捨不得，但很謝謝你留了一桶金給我。

💰 愛自己也愛家人，商業保險不可少

「**常聽人說，保險是愛的商品，是生命中不可以欠缺的規劃。**」小花說：「但聽了王老師的解釋，我覺得上班族有了勞保和健保，不是保障就足夠了嗎？為什麼還需要花錢去買商業保險？」

我說：「你們懂什麼叫『愛』嗎？」

小花和小強互看了一眼，忍不住說：「應該算懂吧？」

我問小強：「如果你和小花結婚了，你會不會想照顧她一輩子？」

小強說：「當然會啊！不然結婚要幹嘛呢？」

「那萬一你發生意外或不幸身故，你要怎麼繼續照顧小花？」我問。

「那……她就只能……只能再嫁、另尋依靠了吧？」小強搔搔頭說。

「小強，你可真大方啊！」我笑著說：「其實，如果你有勞保的話，在你身故後，遺屬會領到一筆理賠金，但那顯然是不夠的。**如果有人可以在你身故後又再支付一、兩百萬給心愛的人呢？你會不會覺得這樣比較能幫助你照顧她一輩子呢？**」

「王老師，您的意思是……」小強說：「透過保險規劃，一旦我意外身故，保險公司會支付給小花一、兩百萬？」

「沒錯，但前提是，你有購買意外險或終身壽險，同時，受益人寫的是小花。」我說。

「原來如此。」小花開心地說：「如果小強夠愛我，他就會花錢來買保險，這樣萬一他走了，我就可以領到錢了。哈哈！」但笑了一會兒，小花又嚴肅地說：「可是像我們現在都單身，受益人又不可能寫我，還需要保意外險或終身壽險嗎？」

「你沒想過父母養了你們這麼久，萬一你們不幸走了，誰來照顧他們的晚年呢？」我說。

小花恍然大悟地說：「難怪保險被稱做愛的商品，原來是因為它可以照顧我們身邊的親人。」

「不止啊，保險同時可以愛你自己。」我說：「比如你生重大疾病了，若有人能付你一筆錢做為醫療費用，不是可以省下很多錢？像這種保險就叫做重大疾病險或醫療險。」我繼續解釋：「又比如說，如果你活得健康又長壽，但到了晚年卻把年輕時存的錢都花光了，這時若有人每月支付你一、兩萬元，你不就沒有後顧之憂了？這種保險，就叫做年金險。」

「原來保險這麼好用！」小強和小花一起點頭。

學風險：人生哪裡沒意外？

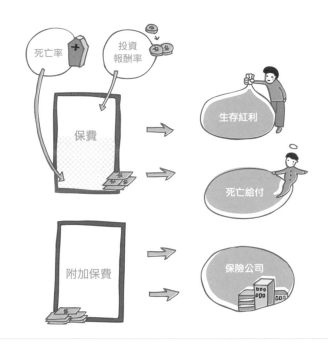

💰 保費別老想著回本，意外來時我不怕才是重點

　　「**簡單來說，保險其實就是為了人生風險而設計的保障性商品。**」我對聰明的小花和小強解釋說：「因為人生難免有風險，遇到風險上身時，我們可能將因為無法工作而失去收入。這時候，保險給付就是維持收支平衡最好的收入來源了！」

　　善於精打細算的小花，馬上舉一反三地說：「老師，你一直說理財的重點就是維持日常收支的平衡。這樣說來，保險既然能在意外時讓我們收支平衡，那麼，它應該是很重要的理財商品囉？！」

　　我說：「完全正確。保險是重要的理財商品，卻未必能創造報酬率，所以，我們不能以沒意外就好像會虛耗掉保費來評估這項商品。」

「可是……」小花想了一會兒說：「我們不一定每天都會發生意外，但保費可是平常就要繳的，這樣不等於未有收入就先有開銷嗎？更何況，萬一意外都沒發生，不是白白損失一堆錢？」

　　「你看！就是這種心態，所以很多人不想花錢買保險。」我說：「就算買了，也喜歡買那種日後可以活著還本的保險，也就是還本型保險。」

　　「繳了保費，日後還可以拿回來，這樣不是很划算？！」小強說。

　　「那是因為多數人搞不懂保險商品的特性。」我解釋：「其實保險應該是消耗型商品，沒發生意外，保費就繳給有發生意外的人，並不會白繳。但你如果日後想拿回保費，保險公司就會在純保費之外，再設計出一種讓你多繳保費而幫你投資的準備金機制，等十幾、二十年後再連本帶利還給你。」

　　小花說：「這樣不是會讓保費變高，而且，也失去了保險是大家互相幫助的原意嗎？」

　　「但是，」小強插嘴說：「由保險公司幫我們投資，不也不錯？」

　　「可是預定的報酬率，也就是所謂的『預定利率』，只跟著市場利率水平走。以目前來說，就只有 2%～4% 左右而已。」我說。

　　「啊？我自己買績優股，股息股利都沒這麼低了。」小強洩氣地說。

　　小花說：「因為**羊毛出在羊身上**，投保者日後想活著拿回保單紅利或回饋金，就得多繳保費，讓更多錢押在保險公司那裡，這樣並不符合錢該用到刀口上的理財效益吧。」

　　「讚！」我豎起大拇指，完全同意小花的見解。

學風險：人生哪裡沒意外？

生：婦幼險
意外險
儲蓄險

死：終身壽險
人壽保險
意外險

老：年金險
儲蓄險

病：健康險
重大疾病險

保險真好用！

💰 善用「雙十原則」，小小保費也有大大功能

「但是，」小強接著問我：「曾經有朋友來跟我推銷保險，我一聽到有那麼多不同的保險，而且每樣的保費都好貴，真不知從何保起，乾脆就都拒絕掉了。」

「其實，」我說：「你們應該找專業的保險從業人員來幫你規劃，並在有限的預算下，去進行最有效率且保額足夠的風險規劃，因為專業人員會根據你的需求幫你做規劃。」聰明的小花聽了我一番話，馬上反問：「老師，你這段話裡有三個疑問我不懂。第一，有限的預算，是指多少？第二，所謂有效率或保額足夠的風險規劃如何評估？第三，我又怎麼知道我的保險需求呢？」

「你這問題問得很好。」我說：「要回答你前兩個問題，**可用保險業最常使用的『雙十原則』來衡量，也就是保費不要超過收入的十分之一；保額則為年收入的十倍。**」

「當然，所謂保額，是指一旦身故後，你所能留給保單受益人的保險給付，最好是你十年的收入。也就是說，如果小花你年收入約 30 萬出頭，你的身故保額應該要有 300 萬。」

我繼續解釋：「但這只是一個簡單原則，因為我們的風險規劃不一定只針對死亡風險，還包括人生『生、老、病、死』的所有意外風險。針對生病、老年保障與生育支出等，我們還可以透過重大疾病險、醫療險、年金險、婦幼險或儲蓄險等來做規劃。為了因應這些需求，身故的保額或許可以降低一點，以挪出一些保費來支應其他保險。」

「哎呀，我懂了！」小花開心地說：「我第三個問題，也就是如何評估自己的保險需求，就是根據自己『死、病、老、生』的風險，看哪個風險最高？我最需要擔心的是哪個風險的發生？然後來決定相對應的保險，對嗎？」

「沒錯！」我說：「你們可以用兩個角度來評估自己的保險需求。第一，從意外發生率來評估一下你們的生活與工作方式，看看發生什麼意外的機會最高？第二，從支出面看，看發生什麼意外會讓你們收入斷炊或支出無法支應呢？」

我下結論說：「找出了你最需要補強的風險項目後，再根據你們的保費預算額度，進行優先排序和次序取捨，如此就是一個專業的保險規劃了。」

學風險：人生哪裡沒意外？

💰 小錢也能有大保險1——意外險

　　聽完了保險規劃的「雙十原則」後，小強雖然點頭認同，卻也感到困惑：「聽起來很簡單，但要做取捨可是有難度的，畢竟商業保險的保費貴，投保人的保費預算也有限。如何精打細算，可是一番學問！」

　　我說：「如果你多認識保險商品和保費結構，其實也有便宜的保單，卻能發揮大大的功能喔！」小強和小花有志一同地說：「老師，快說快說，哪裡還有像勞、健保這樣的便宜保單？」

　　我說：「薪水不高的年輕人，可以先選擇『意外險』，因為這種商品若被保險人沒發生意外，就消耗掉了，不會累積保單價值，所以保費很便宜。」

「到底多便宜呢？」小花急著問。

我說：「一般保險商品都是越年輕投保越便宜，因為死亡或生病風險較低，但意外險只問職業別，不分性別、年齡。越危險的工作職業等級越高，從一般內勤（第 1 類）、一般外勤（第 2 類）、快遞司機（第 3 類）、計程車司機（第 4 類）、大理石搬運工（第 5 類）到空姐（第 6 類）等。」

小花說：「那我是第 1 類，小強從事業務工作，應該算第 2 類。」

「以保額 100 萬來說，人壽保險公司投保第 1 類一年的保費約 1,200 元，第 2 類約 1,600 元；但如果找產物保險公司，可能 1~3 類都只有 1,200 元左右。」我說。

小花說：「我如果規劃 300 萬的身故保障，不就一年只需投保 3,600 元，一個月才 300 元而已嗎？」

我點頭時，小強卻插嘴問：「壽險公司和產險公司有什麼不一樣？」

「壽險公司是針對人而保的，產險公司是針對物品，但『意外險』又稱『傷害險』，通常是人被物品所傷害，故產險公司也可規劃此種保險。比如我們出國到機場買的旅遊平安險，也是針對旅遊的各種交通傷害而設計，也屬於產險公司可銷售的險種。重點是，產險公司的意外險比較便宜喔！」

我接著說：「但也別忘了，傷害理賠的定義為——因為意外傷害事故，造成身體蒙受傷害並因而殘廢或死亡時，保險公司依照約定，給付『殘廢保險金』或『身故保險金』。」

「簡單來說，意外傷害事故是指(1)外來、(2)突發、(3)非由疾病所引起的事故，故如果像生病或自殺而身故，保險公司可就不理賠喔！」我說。

學風險：人生哪裡沒意外？

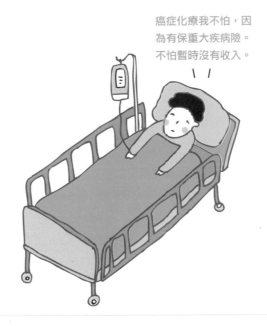

癌症化療我不怕，因為有保重大疾病險。不怕暫時沒有收入。

💰 小錢也能有大保險2──重大疾病險

　　聽完了我對意外險之「意外傷害事故」的定義解釋，小強馬上跳起來說：「那萬一我因感染病毒而生病，或因工作過勞而爆肝，意外險不給付我，那我的醫療費怎麼辦？」

　　「傻瓜！我們已經有全民健保了啊，還擔心什麼呢？」小花笑著說。

　　「但小強的顧慮也是沒錯的。」我說：「全民健保固然幫全民照顧到了日常醫療支出，但萬一生了重大疾病，比如罹患癌症，需要高額的自費醫療費用，加上自己可能要養病在家，無法工作時，就得要請出商業保險來幫忙了。」

　　「該怎麼幫呢？」小強問。

我說：「有兩種險種可以支應這種醫療支出，第一叫醫療險，第二叫重大疾病險。醫療險又可分成實支實付醫療險、日額給付型或定額型醫療險等等，只要有生病就醫或住院，都可依契約範圍來理賠。」

「醫療險涵蓋項目那麼廣，保費應該很高吧？」小花說。

「沒錯！」我說：「所以一般會建議收入有限的年輕人，先投保重大疾病險即可。**重大疾病險種通常只針對七項重大疾病來理賠，包括：癌症、腦中風、心肌梗塞、重大器官移植手術、冠狀動脈繞道手術、慢性腎衰竭、癱瘓等。**」

我接著分析說：「重大疾病險又稱重大傷病險，在給付方式上通常可分為『整筆給付』和『分期給付』兩種。**『整筆給付』的好處是讓我們能在罹病初期就獲得一筆完整資金，做為後續完整的治療計畫，或做為家庭的緊急應變金；而『分期給付』則是在一定年期內，每年可固定拿到一筆保險金，分攤長期療養、無法工作的經濟壓力，讓我們能享有更好的醫療及生活品質。**」

「老師，您說這個險種的保費比較便宜，到底多便宜呢？」小強問

我說：「投保是越年輕越便宜，以你們不到 30 歲的年齡來看，保額100 萬的每年保費，都會在 3,000 元以內。」

「這麼便宜？一年不到 3,000 元，生病卻可拿到 100 萬？」小花瞪大眼睛說。

「但你如果沒罹患那七項重大疾病，可是一毛錢都拿不到喔。」我說：「此外，保險一旦全額給付後，保單就失效了，下次再得一次重大疾病可就沒保障了。」

「但至少在我有投保期間，我就不用擔心因生重大疾病而沒收入了，這也是一種安心保障。」小花說。

一個保費貴，一個便宜
我應該怎麼選呢？

終身壽險：一輩子 　　　保費貴

定期壽險：
25歲-45歲 　　　20年保障
保費便宜

💰 小錢也能有大保險3——定期壽險

小強聽完我對保險的解釋後，忽然不解地問我：「老師，你介紹的保險都好便宜，為什麼跟之前保險業務員介紹給我的大不相同呢？」

「我想，之前業務員介紹給你的，應該是保費比較高的終身壽險吧？」我說。

小強說：「好像是，因為他跟我說，終身壽險就像買房子一樣，趁年輕保費比較便宜時趕快買，繳費 20 年後，就可以終身都有保障了。」

「你覺得這話對嗎？」我說。

小強想一想後說：「繳費 20 年，終身都有身故死亡給付，而且不管什麼原因死都有，好像很不錯。」

「不過我想，你沒保的原因應該是保費太貴吧？」我說：「因為以 30 歲男性，保額 100 萬的終身壽險來說，一年的保費就要到 3 萬元以上，光一張保單就要花掉你年收入十分之一了。」

小強點頭之餘，我接著說：「保險業務員會希望你買終身壽險的原因，是因為終身壽險是很好的主約，有了主約才有辦法加掛意外險啊、醫療險啊等等的附約。」

小強瞪大眼睛說：「是耶，業務員是這樣遊說我的沒錯。」

「但業務員沒說出口的真正原因是，終身壽險的保費貴且佣金高，銷售出去的利潤比較好。」我說：「如果你回到需求者端來思考保障問題，你現在還年輕，沒家人，死亡險對你的意義並不大。」

「但是等三、五年後，你跟小花結婚了。」我說：「你的家庭責任變重了，死亡險就變得很重要。之後，等到小孩出生了，你得養小孩 18 年，責任更重，又需要更高額的死亡險。但之後等小孩長大了，養小孩的責任又變輕了，還需要高額壽險嗎？」

「壽險有時需要，有時不需要，那到底我是需要？還是不需要呢？」小強問。

我說：「**因為人生不同階段有不同的死亡險需求，故可以用『定期壽險』來代替『終身壽險』。**以 100 萬保額來說，30 歲男性的年保費只有區區不到 2,000 元，但卻可保障一年的死亡風險。」

「老師的意思是，我可以每年買一張定期壽險，並因不同年紀、不同生活責任來調整保額嗎？」小強問。

「**你也可以一次買 20 年期的定期壽險，但要有保證（每年）續約條款，這樣就好像簽了 20 年的保險租約，但年保費也只有 4,000 元不到喔！**」我說：「當然，租約過了保障就沒了，雖非終身壽險，但能保障家庭責任最重的 20 年，不是很划算嗎？」

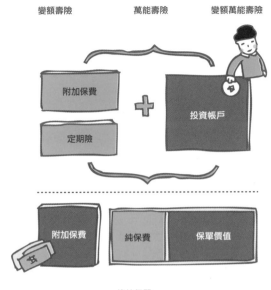

投資型保單 vs 傳統保單

變額壽險　　　　　萬能壽險　　　　變額萬能壽險

附加保費

定期險

＋

投資帳戶

附加保費　　純保費　　　　保單價值

傳統保單

💰 小錢也能有大保險4——投資型保單

「之前有朋友跟我講過一種保單，叫做『投資型保單』，可以既買保險，又可投資基金。不曉得這是什麼東西？」小花問我。

「這其實也是一種對年輕人來說很划算的保險，但正確的名稱叫做『變額壽險』或『變額萬能壽險』，不叫投資型保單，也不是買保險送基金，或買基金送保險等等。」我說。

「好奇怪的名詞，真的好難理解喔！」小強拍著腦門說。

「其實不難懂的。」我說：「還記得我之前說過，純保險是消耗型商品，沒發生意外就沒了。但如果你想沒用到還能還本，就得多繳點錢請保險公司做投資，對吧？」

看著小花和小強點頭，我接著說：「這個多繳給保險公司的錢，叫作『保單價值』，等於先寄放在保險公司那裡。以終身壽險來說，就是多繳錢給保險公司，保費才會比定期壽險高出那麼多。」

我繼續分析說：「這個『保單價值』有一個好處，就是等你繳費期滿後，保單價值還會在，讓你之後若身故意外，仍能理賠給你。這就是為什麼終身壽險可以保障終身，因為最後還是你今天所付的錢之增值結果在保障你晚年的意外。」

「但這和投資型保單有何關係呢？」小花不解地問。

「當然有啊！」我說：「你想，如果我把『保單價值』拿回來，用自己的帳戶做投資，前面再附加一張定期壽險，不就是既有保險，又有投資了嗎？」

「這樣不就變成自己有一個『分離帳戶』來做投資，成為『保單價值』自己DIY的一張保單了？」小強說：「但好處是什麼呢？」

我說：「**第一，保單價值自己累積，那麼 20 年後等 20 張定期壽險結束後，後面的保單價值還在，就可讓定期壽險變成終身壽險了，只是保障額度要看你投資績效而定，所以叫『變額壽險』。**」

「第二，傳統保險若你沒繳保費，保單就停效了，但是，**投資型保單因為有分離帳戶的保單價值在，可以在年輕人繳不出保費時，先轉移部分做保費，所以叫作『萬能壽險』。**」我說。

「聽起來真是我們年輕人的好朋友呢！」小花說。

我說：「還有第三個好處是，因為**投資型保單的定期壽險，採用的是自然費率，而非終身壽險的平準化費率，不會由年輕人來多攤付老年人較高額的保費，所以保費越年輕越便宜，是非常適合年輕人規劃的保單呢。**」

學風險：人生哪裡沒意外？

單身的責任　　　　結婚的責任　　　　生小孩後的責任

💰 根據生活狀況，定期檢視最新的保險需求

　　花了一下午講解了保險的相關知識，小花終於對保險有了比較清楚的理解。她說：「這樣說起來，保險其實是非常彈性的理財商品，要根據人生不同階段的責任和風險，來規劃相對應的保單。」

　　「完全正確！」我說：「**所謂『責任』，和你人生不同階段所要承擔的家庭經濟狀況而有所差別。**就算是單身一個人，也必須今天為明天負起責任，因為誰知道明天會發生什麼意外呢？」

　　小花說：「除了人生不同階段的經濟責任不同外，我想，風險也不同。比如年輕時，喜歡外出遊玩，意外風險比較高；中年以後，應該生病的風險會變大；晚年之後，可能是積蓄不夠養老的風險變高。所以，人生不同階段，看來都該有不同的保險規劃。」

我說：「我記得胡適曾經說過：『**保險的意義只是今天作明天的準備；生時作死時的準備；父母作兒女的準備；兒女幼時作兒女長大時的準備；如此而已！**今天預備明天，這是真穩健；生時預備死時，這是真豁達；父母預備兒女，這是真慈愛。能做到這三步的人，才能算作是現代人。』」

「說得真好耶！」小花歡喜地說：「這樣看來，我們不能老是在保費的高低上面做比較，也不能從自己不會那麼倒楣，或者保費太貴來作思考，而應該從現在該為誰、為什麼風險做好準備來思考保險。」

「這樣說起來，我現在雖還沒跟小花結婚，還不能為她準備什麼，但我可以先把自己的保障做好。」小強若有所思地說：「比如重大疾病險、定期壽險或變額萬能壽險等等，這樣一旦小花嫁給我了，就不用擔心我生病或死亡時，她要花錢幫我看病或生活斷炊了。」

「看來，小強是個很有責任感的男人喔，你真的可以考慮嫁給他。」我對小花說。

小花說：「他別亂花錢買東西，或者亂投資就要偷笑了，哪敢期待他多有責任感呢？」

「別擔心，將來我們結婚後，我還會增加保費比較貴的年金險和醫療險，這樣就算我亂花錢，你晚年也不必擔心我沒飯吃，或者沒錢看醫生，因為保險會把我照顧得好好的。」小強一臉正經地說。

小花說：「如果你真能做到按時繳保費，且會根據不同人生階段規劃保險的話，那我倒是可以好好考慮一下。」

學風險：人生哪裡沒意外？

那看你有多少
保單價值囉！

嘿！我缺錢，
借一點吧！

保險公司

保單

💰 怕臨時缺錢嗎？保單借款最好用

「其實從理財的角度看，保險還有一個很大的功能，就是保單還可以在自己缺錢時，拿去質押借錢。」我說。

「保單還可以借錢？怎麼那麼好？」小強和小花笑著說。

「當然，這只限於有累積『保單價值』的險種。」我說：「既然我們多繳錢給保險公司，請他們幫我們投資，這些錢當然屬於保戶的。保戶在缺錢時，可以解約該保單，這樣保險公司就必須把『保單價值』裡的現金退還給我們。」

「另外一個方式，就是不要解約，而是拿保單當抵押品，向保險公司取得貸款，以滿足資金短期周轉的需要，讓手上的『死保單』變成『活

錢』。」我說：「只不過，保單借款要付利息，大約是該保單預定利率再加碼一點，但還是會比信用貸款低很多。」

「聽起來保險真是非常靈活又變化多端的金融工具啊！」小花有感而發地說。

這時候，對投資型保單比較有興趣的小強問：「您剛剛說的『變額萬能壽險』，採用的是分離帳戶，也能保單借款嗎？」

我說：「當然可以，只要分離帳戶內有現金價值，一樣可以保單借款，只是借款利率會比較高，而不是預定利率加碼這麼便宜。你若真的缺錢，或許也可以考慮採取『部分提取』贖回部分基金單位數來拿回現金。」

小強說：「這意思就是要我先賣掉一部分基金嗎？」

我說：「對啊！」

「那萬一部分提取的時候，基金投資績效是負的，不就要賠錢賣基金了？」小強說。

「投資本來就有風險啊，這也是投資型保單和傳統保險的最大差異。」我說：「**『變額萬能壽險』的分離帳戶，要靠自己的投資績效來累積價值，但優點是──保費比較便宜。**至於傳統壽險，投資的虧損風險由保險公司負擔，但是，保費就會變得很貴囉！」

「這樣聽來，想要獲得『變額萬能壽險』的好處，又不想讓分離帳戶的績效變差，唯一的辦法是提升自己的投資能力囉？」聰明的小花說。

「完全正確！」我下個結論說：「想要靈活運用投資型保險的好處，真的必須要很會投資。但投資能力要靠時間慢慢累積，投資的觀念也必須正確。關於投資，或許將來我們還可以花點時間，慢慢來討論。」

PART 7

學投資：
買股票前要先學會的事

學投資：買股票前要先學會的事

💰 買基金前，最好先懂股票投資！

　　當我決定把小花如何在 30 歲前存到人生第一個一百萬元的故事分享給讀者時，我一位在國中當老師的朋友聽到我正在著手寫這本書，馬上露出不可思議的表情說：「怎麼可能？」她的意思是：「現在的年輕人怎麼可能月存 8,800 元？這個小花到底一個月賺多少錢啊？」

　　的確，小花的薪水一開始只有 25K，要做到月存 8,800 元，是個滿艱困的挑戰。但我告訴小花：「如果你在月薪 25K 時都能存下錢來，那將來薪水只會更高，你的生活會越來越好過，積蓄也會越來越高，人生不就變成倒吃甘蔗，越活越香甜嗎？」

　　小花接受了這個邏輯，果然在工作滿三年時，薪水就調高為 30K，讓她每個月整整多出 5,000 元來過更為寬裕的生活。

年輕的讀者朋友，可別小看這區區 5,000 元，對於一個已經習慣省吃儉用達三年之久的人來說，5,000 元可是很棒的生活享受，可以拿來看將近 20 場的電影，也可以吃 10 客以上的牛排。

　　但小花除了在工作滿三年，也就是年紀滿 26 歲的時候加了薪，同時歲末也領到了兩個半月的年終獎金，讓她的存款水位一下子就飆破了 40 萬元大關。

　　這時候，小花又寫信給我，除了恭賀我新春愉快外，同時還問我：「**同事們都說，領了年終獎金最好申購基金，比較能夠把錢存起來。王老師，您認為我該申購什麼基金好呢？還有，我該單筆申購基金？還是採取定期定額的方式扣款呢？**」

　　我馬上回信告訴小花：「**千萬不可以貿然地為了想存錢而去買基金。原因是：第一、你早已經養成存錢的紀律了，不需要靠基金才能把錢存下來；第二，基金是一種投資工具，除非你懂『投資』，否則，你如何能做好『投資』這件事呢？**」

　　「王老師，您分析得很有道理。但我要如何懂『投資』呢？您一直告訴我不要太快去買股票，那我如何懂『投資』呢？」小花迫不及待地回信詢問我。

　　我告訴她：「『投資』是有錢人的專利，年輕人沒積蓄，腦袋也沒有一定的社會歷練，當然做不好『投資』這件事。但這三年半來，你已經懂得儲蓄，也懂得理財，更懂得用有錢人的方式來規劃生活，當然該開始學習『投資』囉，就讓我們從學買人生的第一張股票開始吧！」

學投資：：買股票前要先學會的事

嘿！這是我投資的公司

💰 投資就是當老闆，你準備好了嗎？

過完年，26 歲的小花滿懷興奮地準備砸錢買股票，她的男朋友小強馬上以一副股市老手與導師的姿態告訴她：「現在半導體業一片形勢大好，買台積電準沒錯，就算沒賺到股價，每年穩定配息也很爽。」

小花充滿疑惑地來信問我：「小強的說法對嗎？台積電真的可靠嗎？」

我告訴小花：「不管別人講的對或不對，聽明牌做投資，就是不對。所謂聽明牌，就是你根本不懂那間公司在做什麼？怎麼賺錢？獲利模式為何？就把錢砸下去了，這樣無異是盲人騎瞎馬，會賺錢根本是憑運氣。」

「我懂了，就像您之前要我先別碰基金，後來我想了一想，股票型共

同基金所連結的標的是股票，只不過是透過基金經理人來幫我買股票。但我如果自己都不懂股票，又該怎麼挑選會賺錢的基金呢？」小花如此回信告訴我這個道理。

接著她又分析說：「**我應該先搞懂一家公司是在生產什麼？做什麼產品？產品有沒有銷路等等，才能決定這家公司有沒有獲利機會。如果有獲利機會，我才投資它；如果沒有，就該找其他更有利頭的公司。**」

我告訴小花：「你的分析太有道理了！你有沒有開始覺得買股票就好像是要投資一間店面一樣，你得先確認這家店能賺錢，投資才不會虧錢。」我接著說：「你要怎麼確信這家店能賺錢呢？除了搞懂產品之外，還得先弄懂這個店面的經營者，他是很會作生意的？還是天花亂墜地想跟股東 A 錢？」

「然後，就算你確認了這家店的老闆信譽可靠，且經營手法過人，你還得明白這家店的資本額有多少？每年營業額有多少？公司經營成本又有多少？每年的淨利若分配給股東，每年可分配的盈餘又有多少？」

我洋洋灑灑地寫了一堆，小花馬上回信告訴我：「干老師，投資股票還真難哩，好像要像一個老闆一樣，得把所有生意上該懂的會計學、企業管理學與經濟學都弄懂，才有辦法投資。我可以花點時間做功課再當面請教你嗎？」

我回信說：「沒錯！投資就是要學會當老闆。沒有做好這點準備，很難做好投資。等你準備好了，我們再面談這堂『老闆學』囉！」

💰 認識上市公司與證券交易市場

　　又是一個風和日麗的週六下午，有將近三年沒見的小花，在咖啡店裡顯得清麗又成熟，她的男友小強也變得比以前更顯穩重。我想，這除了因為他們多了社會經驗外，更多的原因是他們存款簿裡的數字，讓他們變得比同齡的年輕人更為早熟。

　　小花的存款簿裡有 40 萬新台幣，大她兩歲的小強，則有接近 60 萬的水位。最重要的是，這些存款都是從他們的工作收入中累積下來的，對時下月光族滿街跑的年輕世代來說，顯得有點稀奇。

　　坐上咖啡桌後，已經做足股票投資功課的小花，迫不及待地就想開始請教我問題。她說：「我發現投資股票其實就是擔任該公司的股東，並可

以憑所持有的股份額度,分享公司過去一年度的稅後盈餘分配。」但她又不解地說:「如果每個投資人都是以股東的身分來獲取盈餘分配,那為何人們還需要經常買進、賣出股票呢?」

小花補充說:「當然,低買高賣為的是賺股價漲跌間的價差,但我的疑問是,如果擔任股東可以分配到公司的獲利,並且每年穩定賺到錢,那為何還需要弄一個證券交易市場來讓股東們每天進進出出呢?」

我告訴小花,她的問題很好,事實上多數人不知道的是,投資股票未必要到股市,凡是有人想集資成立「股份公司」時,投資人只要參與投資,就等於花錢買到了股票。**一般我們認知,在證券交易所每日開盤後所交易的股票,其實是上市、櫃之公司的股票。這些可以在證券交易所或櫃檯買賣中心集中交易的股票,又被稱為掛牌公司。**

換句話說,股份公司是一個比較大的圈圈,當中有一些公司會掛牌,成為比較小的圈圈。後面這個小圈圈因為人們可以在證券交易所每天買進或賣出,因而被人們稱之為「股市」。

股市之所以讓特定公司掛牌上市,是為了協助一些欠缺資本擴廠或發展的績優企業。透過股票公開發行和交易,從而從吸引大眾投資人前來認購股票的過程中,取得更大的發展資金。

但相對地,由於參與上市櫃公司的投資人很多都是小額投資人,有時會因急需資金而想出脫股票,為了協助大眾散戶可以輕鬆賣出股份,或者因看好公司的前景而進場投資,才有所謂的證券交易所,以方便人們買賣股票。

學投資：買股票前要先學會的事

💰 小心！股市不等於合法賭場

　　聽了我對上市公司和證券交易所機制的解釋後，小強恍然大悟地說：「原來股市的基本功能是在協助股東們出脫持股，而不是給人家低買高賣玩衝浪的，我還以為股市就是個合法的大賭場呢？」

　　「的確，很多人有這樣的誤解。」我說：「但股不只可協助原始投資人出脫持股，它也可以是讓看好某公司前景而之前未趕得及投資的散戶，提供進場投資的好工具。」

　　「換句話說，不管是想賣股票的投資人，或者是想買股票的人，都可以到證券交易所買上市公司的股票，這就是『股市』嗎？」小花說。

　　「沒錯，但也只對了一半。」我說：「所謂上市股市交易，具有兩個

特色，一個是股票要對全民公開發行募股，另一個是募股後可在證券交易所公開流通買賣。所以，你想買股票，可以在某股票準備上市掛牌時，填資料抽籤以掛牌價認購，這個叫做參與首次認股發行。」

「等參與認購，公司股份掛牌後，股價若有上漲，且漲幅比持有一年可分配的股息股利還高時，你可以考慮在證券交易所賣出，這就是股市方便流通的好處。」我說。

「原來是這樣啊！我還以為進股市的人，就是要低買高賣股票。」小強說。

我對小強解釋：「我剛剛講的，是從『股市』的角度來分析。如果從投資人參與股市的角度來看，其實，人們可以採取兩種策略來參與股票買賣。」

「哪兩種？」小花急著問。

我說：「**一種是著眼公司盈餘分配，持有股票是為了領取每年分紅的策略，這叫『投資策略』；另一種是不想參與股利分配，只著眼股價低買、高賣的價差，這叫『投機策略』。**」

「通常，採投資策略者，持有股票時間較長，所以又常被稱為長期投資人。」我繼續解釋：「至於想低買、高賣的投機策略者，投資時間短，往往又被稱為短期投資人。」

「那我能不能兩種策略都兼而採之呢？」小強問。

「當然可以啊！」我說：「很多人也都這樣做。但要小心，有時清楚自己的定位很重要，否則往往投機不成，被套牢了才說自己是長期投資者。但如果買點過高，股利分配的報酬率很低，或者比價差損失還少，那就很不划算了。」

學投資：買股票前要先學會的事

生產線

這家公司產品好，
獲利高，值得投資喔。

💰 投資前要先確認公司的獲利能力何在？

　　「假如我想當一個長期性投資人，我應該注意什麼呢？」小花聽我分析完「投資」和「投機」兩種策略的差異後，忍不住問了這一個問題。

　　我說：「你只要想一下，長期投資的報酬率該如何計算？」

　　小花說：「不就是我能領到的年度分紅，也就是現金股息或股票股利？」

　　我說：「股息、股利是報酬，不是報酬率。報酬除以持有股票的成本，才是你投資的報酬率。」

　　「買進成本，是指我買進的股票價格嗎？」小花問。看著我點點頭

後，小花接著說：「所以，同樣持有台積電股票的投資人，假如年度分紅每股可以有 3 元現金，以每股 60 元買進者，和每股 100 元買進者，報酬率就分別為 5% 和 3%，兩者是不樣的？」

我說：「沒錯。但別忘了，這是年度報酬率。如果下一年度台積電的配息能到 4 元，你下一年度的年投資報酬率就會分別提昇到 6.66% 或 4% 了。」

「這樣聽起來，**影響投資策略者年報酬率的因素有兩個，第一個是買價越低越好，第二個是股利能成長的公司。對嗎？**」小花說。

我說：「再正確不過了。先撇開買價不論，你要如何確認所投資的公司能夠獲利能力一年比一年強呢？」

小花說：「我想，這就是所謂的投資判斷力了。如果是我的話，我事前會先看好有前景的產業，然後在這個明星產業中尋找第一名的龍頭公司。之後呢，再去確認一下這家公司老闆的誠信、口碑和經營能力，這樣應該就能判斷出這家公司的獲利成長性了。」

我說：「除了選對產業外，公司的經營模式也很重要。最好該公司的商業模式能相當獨特，或者具有技術領先優勢，或者具有品牌魅力，或者具有一定的專利保障等等，如此一來，才能永保該公司的獲利優勢。」

小強這時接口說：「最好也是分析師們都看好的公司吧？」

我說：「不一定喔，分析師看好的，可能都是他們已經先買好的，然後才會寫分析報告讓大眾投資人買進。你買了分析師推薦的熱門股，小心幫別人出貨喔！」

小花說：「最好還是自己研究比較好啦，就像自己要當這家公司老闆一樣，不靠自己搞懂這家公司，怎麼當好老闆呢？」

學投資：買股票前要先學會的事

從財務報表上看來，這家公司的盈餘很穩定。

💰 透過財務報表，認識公司創造股東價值的能力

聽完小花的這一番「股票老闆論」，我除了點頭認可之外，還補充告訴小花與小強：「如果你們想當一家企業的老闆，你想，你是不是得學會告訴投資大眾，你這家公司到底是如何賺到錢的？你要怎麼說，才會最客觀又精確呢？」

「透過財務報表嗎？」聰明的小花如此反問。

我說：「沒錯，**財務報表，也就是一般公司的會計報表，最能夠清楚揭露一家公司過去一段時間的經營表現。會計報表除了是老闆的經營報告外，也最能幫助投資者了解企業，進一步幫助我們做出這家公司之經營好壞的判斷。**」

小花馬上又露出疑惑的表情說：「可是，就我大學時選修的會計學來說，會計報表只能呈現公司過去的經營成果，但要做投資判斷，不是該尋找未來獲利能夠成長的公司嗎？我們如何從會計報表中判斷未來？」

　　「你這問題問到重點上了！」我說：「從會計報表上，我們還是能夠透過一些指標來判斷這家公司能否幫投資人創造獲利價值。」

　　「怎麼看呢？」小花和小強急著問。

　　我說：「簡單來說，我們可以從會計報表中的『損益表』裡，檢驗公司的營收是否呈現逐年成長的情況？如果公司產品受市場歡迎，或者很有競爭力，營收就會呈現穩定成長，這樣的公司自然容易有獲利成長表現。」

　　「第二，還可以從『損益表』中檢查毛利率。」我接著說：「毛利率是公司的營收減去成本後，毛利占營收的百分比。毛利率越高，說明企業的盈利能力越高，控制成本的能力越強。這樣的公司自然有『錢』途。」

　　「另外，還可以參考資產負債表，以及資產報酬率。」我說：「如果一家公司的負債比率很高，用來賺錢的資產都是借來的居多，一旦景氣變差，就容易有利息負擔；反之，如果公司舉債低，且用每一分資產所能創造的淨利高，代表公司的生產效益也高，自然經營比較穩健、長久。」

　　聽完我這三點分析，小強點頭說：「原來，**選股的學問，是要透過財務報表來檢視一家企業的生產效益和獲利成長性啊，這才是值得長期投資一家公司的『價值』所在啊。**」

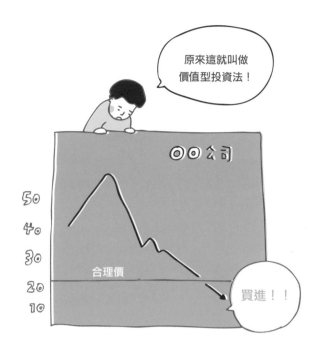

💰 股價跌破合理價買進，價值型投資法的重點

認識了投資股票的價值所在後，小強還是急著想問我：「老師，那股價呢？你剛剛說，影響報酬率的因素有兩個，一個是公司能否穩定產生獲利，另一個則是買進的股價了。但根據我的經驗，股價你覺得跌得夠低了，結果買進了才發現還會繼續跌，那該怎麼辦呢？」

我告訴小強：「股市每天都有人進進出出，萬一就是有人缺錢，不斷想賣股票，再好的股票也會被賣到很低價，那也是沒辦法的事情。」

「難道不能有個辦法，讓我判斷什麼時候股價會跌到最低點嗎？」小強說。

「除非是神仙吧？或者是騙子！」我換個角度問小強：「你有沒有想

過，對長期投資人來說，並沒有意圖要短線進出股票，那麼何須關心股價呢？應該關心的重點是，我以什麼價位買入，可以得到合理的股息報酬率吧？」

聰明的小花聽懂了，馬上接口：「我懂了，這就好像中國功夫的以靜制動，我與其煩惱股價的波動，不如設定好自己合理的買點，等買點到了就買，只要公司獲利前景如同預期，穩穩的年報酬率就可入袋了！」

「是的，這就是投資學上所謂價值型投資法的精神。」我說：「**投資人只要勤做功課，判斷出一家公司未來穩定發放股息的能力，然後再以合理的報酬率，反推買入的成本，就可以得到一個預設的合理買點。**」

「比如我預期台積電可以配發 3 元股息，而我希望獲得 5% 的年投資報酬率，這時候，以 5% 除以 3 元，將可得出 60 元為台積電的合理買點。」我說：「只要股價一跌破 60 元，你就可以大膽買入，不用管日後是否還會跌到 50 元或 40 元了。」

「那萬一台積電真的一直跌，再也回不到 60 元以上，怎麼辦？」小強問。

「你別擔心。只要台積電真的穩定保持 3 元以上的配息能力，跌越兇，只會讓投資報酬率變更高，讓買盤不斷湧進，股價不回升也難。」我說：「這就叫市場機制，只要是好的東西，就不怕沒人要，一點都不需擔心套牢問題！」

小花接口說：「該擔心的應該是以合理價位買進金雞母後，這隻雞卻不生蛋了，而不是雞的身價暴跌。所以，投資前的調查功課，應該重於一切。」

學投資：買股票前要先學會的事

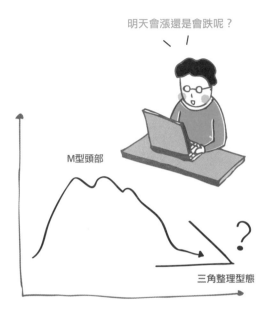

明天會漲還是會跌呢？

M型頭部

三角整理型態

?

💰 股價為何會波動？技術分析真能預測股價嗎？

　　小強聽了我對股價波動的分析，想了一會兒後，鼓起勇氣問我：「很多技術分析工具都強調自己能幫助投資人預測股價的高低點，這又是怎麼回事？」

　　我聽了笑著說：「宣稱自己能預測股價的人，不少人是騙子！但話說回來，某些技術分析方法也不乏有一些道理。但要了解這個道理，首先還是得先弄懂股價為何會波動？小強，你覺得呢？」

　　「嗯，我想，股價就是有人想買、有人想賣，並在股票市場議價而得出的結果。如果股價天天在變，應該就是人心難測，很容易受消息面影響吧？」小強根據他以前的炒股經驗，如此分析了一番。

「的確，人心難測。同樣一個消息，有人看到了解讀為樂觀，就會想高價買股票；有人卻覺得沒想像中好，會想賣股票。」我說：「因為一樣米養百樣人，對同一件事情的解讀人人不同，對合理價格的認定也不同，就會讓股票成交價一直在波動了。」

　　我繼續舉例：「就好像你站在花市大盤門口，花農與花販在講價時，一定是價格喊來喊去一直變。股票交易市場往往被人稱為『大盤』，就是這個道理，買賣雙方都會根據自己對市場行情的判斷，改變出價策略。」

　　「這樣聽起來，想預測股價根本不可能了！」小強洩氣地說。

　　「但也不一定啊。」我說：「當大家都看好未來時，價格會越喊越高，人們的樂觀情緒也會被鼓動起來。這時候，如果你能根據成交價格和成交量的趨勢，去判斷人們的情緒和心理，不是多少也能猜中未來一段時間的走勢嗎？」

　　看著小強點頭，我接著說：「反過來看，當人們悲觀而想賣股票時，又會過度悲觀，如果我能解讀人眾集體心理的走向，確實能多少觀察出股價會往下走或往上走的端倪喔！」

　　我說：「**技術分析其實就是透過一些指標來觀察大眾的樂觀或悲觀心理。當大家都看好景氣而樂觀時，股價會呈現交投熱絡、股價向上的趨勢，技術分析者就稱之為『多頭行情』；反之，則為『空頭行情』。**」

　　「研判市場市多頭？空頭？或者由多轉空？由空轉多？等等的觀察指標很多。這些指標，就被市場統稱為技術分析工具了。」我下結論說。

學投資：買股票前要先學會的事

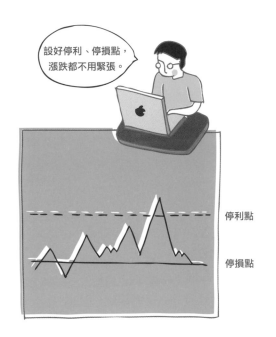

設好停利、停損點，
漲跌都不用緊張。

停利點

停損點

💰 想低買高賣股票？投機策略首重停利、停損！

「王老師，如果我真的想低買高賣股票，技術分析工具真的有辦法協助我提高獲利率嗎？」小花聽完我對股價波動原理的分析後，問了我這一個問題。

這確實是一個很多人關切的問題，因為低買高賣的時間較短，不用像長期投資人這樣，得等上一年才會有盈餘分配。我告訴小花：「只要投機者懂得運用，技術分析工具確實對於提升低買高賣的成功率是有幫助的。」

「但什麼叫懂得運用工具呢？」我馬上補充問：「你們兩位認為呢？」

小強說：「應該就是選對比較準確的工具，做好適當研究，然後再拿這套工具去選標的，以提高看準與押對股票的機率吧？」

小花說：「不對，如果技術分析工具只是協助我們猜測大眾的心理，那應該沒有什麼工具比較準確。反而是應該在大眾的樂觀或悲觀心理較為明確的時期，或者特定個股的漲跌趨勢較為明確時，再根據技術指標來選擇進出場點，比較能夠提高勝率。」

「我比較認同小花的見解。」我說：「很多人以為有一種工具可以協助投機者進行百發百中的預測，但這樣想是想錯角度了。正確的理解應該是——投機者就是在計算漲跌機率，然後在比較有把握的地方買股票。」

「這就跟玩牌或賭博很像，玩牌除了憑運氣以外，還得在牌桌上猜測對手牌面的大小，同時預測自己能贏過對手的機率有多高？」我說。

「所以，技術分析工具就是一套類似猜牌的工具？」小花說。

我說：「對！所以運用工具成功的關鍵，不是工具本身有多厲害，而是使用者事先知道工具的侷限性就只是提高猜測成功的機率而已，而不是100% 能預測正確。如果我能提高猜對率到 6 成，就代表投機 10 次，我會成功 6 次。」

「相對地，這位投機者仍會失敗 4 次？」小花說。

「沒錯！」我說：「**好的投機者必須接受失敗。即使你的猜牌率能提高到7成，或者，只在有 7 成把握的地方押寶，仍代表你有3成的敗率。好的賭徒就是那種懂得預設停損點，把看錯行情時的損失降至最低者。**」

「此外，善設停利點也很重要。」我補充說：「因為你的贏率是有限的，所以懂得見好就收，才能真的保住上漲的成果。」

原來這才是投資能成功的關鍵！

定位　紀律

股市

💰 定位正確與嚴守紀律，是投資成功的兩大關鍵！

「聽起來，要做一個好的投機者，即使有把握看得準行情了，還是得學會設好停利與停損點，並堅守紀律下去，才有可能在股市這個大賭場裡常勝不敗吧？」聽完了我的分析，小強恍然大悟地說。

我說：「投機者的心理素質與自我克制的能力，真的很重要。所以，不是技術分析工具有多厲害，而是具有賭徒性格的人，才能克服壓力和恐懼，敢根據技術指標在低點出場，以及在高點獲利了結，這不是一般上班族做得到的事。」

「真的那麼難嗎？」小花不解地問。

小強說：「真的很難。我前幾年跟著同事一起買股票時，總是在股票

下跌時，擔心未來會繼續跌而不敢買。等上漲了，又怕只是短期反彈而不趕跟。等到漲勢明確，大家一窩蜂買股票時，又跟著衝動買，小賺了一點又不捨得賣。唉！最後呢，全賠光了。」

「小強，你說得沒錯，多數散戶犯的錯誤就在這裡。低點不敢買，高點不捨得賣，最後換來漲跌一場空，成了長線投資人。」我說。

小花不解地問：「投機不成，改當長期投資者不好嗎？」

「問題是，如果買點過高，或者選到了獲利率差的公司，股息的回報率也不會太好啊，搞不好還會因虧損而減資或下市呢！」我說。

「聽起來，要認識自己是否是投機的料，還真重要呢。」小花說。

我說：「投資有兩個成功關鍵：**第一，事前先認識自己的性格，然後採取適合自己的投資或投機策略，這個成功定位很重要。第二，知道了自己的定位，並保持該定位所需的配套紀律，更是重要。**」

小花說：「投機所需的紀律是停損、停利，以及克服恐懼和貪婪。那投資需要的紀律是什麼呢？」

「投資需要培養好的獲利判斷力，一次就選對金雞母，然後於合理的低點進場，並忍住漲跌波動的心理浮動，耐心等待每年的股利、股息囉。」我說。

「聽起來投資比較簡單，但為何大家都愛投機？」小花問。

「因為到處都有人誘惑上班族去做投機啊！因為投機者多，短線買賣也多，賺交易手續費的證券商賺得也多，所以金融機構喜歡透過放消息、報明牌或趨勢分析來誘導散戶多買、多賣股票，自然股市的投機氛圍也高。」我說。

學投資：買股票前要先學會的事

💰 認識 72 法則，靠有效投資來創造複利威力

　　懂投資，確實是有了一小桶金的年輕人，必須及早學會的一件事情。因為只有靠著錢滾錢，才能讓「錢」來幫助我們創造財富。但很多年輕人連一小桶金都沒有，就急著想靠投資股票或基金來創富。這時候，這些人就很容易因為本錢不夠而急著想「以小搏大」，快快提高回報率而走上投機之路。

　　另一方面，沒有養成儲蓄紀律的年輕人，也很難讓自己嚴守停損和停利的紀律而投機成功。我告訴小花和小強：「你們是非常難得的年輕人，願意先靠養成儲蓄的習慣來累積人生的第一桶金。當你擁有這一桶金了，你也擁有了進入投資俱樂部的一張入門票。」

「但是王老師，根據您的說法，長期投資股票的回報率約只有 8 到 12%左右，這麼少的回報率，真的能讓我和小花變成有錢人嗎？」小強不解地問。

我說：「**創造財富的威力，其實來自於複利效果。**也就是說，利上滾利，讓今年增加的利息或報酬滾進本金，再為明年增加更多的報酬。只要每年的報酬夠穩定，利滾利的效果是很驚人的。」

「驚人？到底多驚人？」小強一副不太相信的樣子。

我說：「**有一個 72 法則可以計算複利讓財富翻倍的時間。**也就是拿 72 除以你每年穩定的報酬率，得出的時間就是年分。以銀行定存 2%來看，10 萬元本金，必須 36 年的本利和，才會變成 20 萬元。」

「但假如是 6%的報酬率呢？」我說：「72 除 6 等於 12，只需 12 年就可讓 10 萬元變成 20 萬元。」

「所以，」小花說：「假如我能慎選標的，又利用股價下跌時危機入市，創造每年 10%的穩定報酬率，我就只需 7.2 年，就能讓 10 萬元變成 20 萬元嗎？」

我說：「對！你現在可以先拿 10 萬元試著投資一下。等慢慢熟練投資的感覺了，可以增加投資的本金。如果你的本金提高到 20 萬元，7 年多就可變成 40 萬元，也是很不錯的。」

「但是……，」小強很猶豫地說：「20 萬要花 7 年才變成 40 萬，感覺還是很少耶。」

「別急，小強，當你們存款突破100萬時，拿出半數來投資也有 50 萬。50 萬花個 6、7 年變成百萬，就很划算了。」我說：「更何況，透過投資的學習，你還會擁有更多財富喔！」

💰 有錢人該認識的事1：經濟景氣與產業循環

　　「理財，是人人都該學會的事。投資，其實是有錢人的專利。」我告訴小花與小強：「很多金融機構喜歡混淆二者，並讓投資來取代理財，這樣他們才有機會賺取銷售投資商品的佣金或手續費。」

　　「但殊不知，理財沒紀律者，本錢不夠，設定目標的習慣也不好，一定很容易投資虧錢。」我說。

　　我接著說：「一般大眾就算投資有獲利，如果本金不夠高，賺的也是有限。所以，最好還是先透過理財累積一桶金，再透過穩定報酬率來進行複利增值！」

　　「但老師，您剛剛說投資還有更多財富可以擁有，那是什麼呢？」小花問。

我說：「就是擁有一個有錢的腦袋。學習投資，就是嘗試學著從老闆、企業擁有者的角度看事情，就會比一般上班族認識更多東西，也讓自己更有競爭力。」

「可以舉例說明嗎？」小花有點聽不太懂。

我說：「小花，你出來工作都三年了，你平常會關心經濟景氣嗎？」

小花搖搖頭說：「平常只知埋頭工作，景氣好不好，應該是老闆才會關心的事情吧？！」

「這就對啦！但你一旦想投資時，就會強迫自己去認識經濟景氣和產業循環週期，否則你一定做不好投資。」我說。

「此話怎麼說？不是只要關心此時為多頭或空頭就好？」小花說。

「經濟景氣對投資人來說，當然更重要啦。」我說：「**所謂經濟成長率，就是國內生產毛額（GDP）的增長率。什麼叫 GDP 呢？就是一國境內之勞動人口，一整個年度的生產總值。如果整體市場的生產力高，屬於生產端之企業的獲利績效也高，投資人的分紅自然也高。**」

「哎呀，我懂了。」小花驚叫說：「如果我能提前預知景氣即將好轉，然後利用景氣還剛好、股價還不高時，趕緊買入新一年度獲利展望比較高的企業，我自然就能以較低成本，獲得較好的股利回報率了！」

「小花，你真懂投資了！」我說：「但也別忘了，不同景氣循環階段，對不同產業的榮枯影響很大。比如經濟成長初期，廠商會先投資設備和取得原物料，故上游設備商獲利較高。」

「等到景氣復甦明確時，民間消費力增加，各種終端消費品會賣得好，這時候，生產商和通路商才會跟著受惠喔！」我說。

學投資：買股票前要先學會的事

好多東西物價都上漲。
還好我有房子，不用怕。

資金行情　　通貨膨脹

💰 有錢人該認識的事2：通貨膨脹與資金行情

「另外還有一件有錢人必須懂得的事，就是通貨膨脹與資金行情。」在這場股票投資學的談話即將結束前，我做了最後的補充。

「通貨膨脹我懂，就是物價上漲太快，讓東西貴得不得了。」小花說。

「資金行情我也知道。」小強說：「就是中央銀行寬鬆貨幣，讓市場上的錢多一點，股價就容易漲得更高一點。」

「呵！你們各自關心的東西都不一樣。但實際上，通貨膨脹與資金行情，可說是一體兩面的東西。」我解釋說：「因為當市場上流通的貨幣太多時，錢會變得比較不值錢，同樣的物品就得花更多的錢去買。」

「同樣的道理，」我繼續解釋：「當市場上流通的資金比較多時，人們口袋裡有閒錢，自然更樂於做投資，使得像股票或房地產這樣的資產，更容易產生價格上漲的現象。」

「但有錢人為什麼一定要懂通貨膨脹與資金行情呢？」小強問。

「請試著想想你剛剛說的，6%的年投資報酬率你覺得很低。」我說：「假如整體物價，一整年上漲了3%，你多賺了6%的錢，還得扣掉物價上揚，才能維持貨幣的實質購買力。就實質購買力來看，你一整年才只增值3%而已呢。」

「是啊，」小強說：「像現在銀行定存利率不到2%，利息還跟不上通膨率，等於是負利率吧？！」

「沒錯，為了打敗通貨膨脹率，有錢人更懂得利用錢變薄的時候，趕緊布局價格膨脹更快的資產，目的就是為了保值。」我說。

「原來如此，難怪有錢人愛買房子。」小強說。

「但是，既然錢變多了，容易引發通貨膨脹，央行為何還要寬鬆貨幣，讓錢變多呢？」現在換小花不解了。

我說：「錢就跟嗎啡一樣，可以是毒，也可以是藥。當經濟景氣不好時，央行調低利率，刺激銀行去放款，讓企業界的借貸成本降低，確實有助於活絡投資和生產的。」

「但是，當景氣過熱時，市場上游資過多，就會去追逐資產，造成資產價格上揚，同時也會引發通貨膨脹。」我說。

我下結論說：「但如果你有個有錢腦袋，口袋深度又夠，就可以在通膨前先購入資產，靠資產膨脹速度來打敗通膨，就更容易通過通膨與資金行情來讓自己變有錢了。」

PART 8

學跨國投資：
靠基金打開國際經濟的視野

💰 投資基金前，最好先搞懂你是投資？還是投機？

「好討厭喔！我買的基金都虧錢，真煩！」在喝下午茶的時候，小麻雀忍不住跟大學死黨小花如此抱怨。

小花和小麻雀從學校畢業都快五年了，當小麻雀知道小花這兩年多已經透過股票投資賺了好幾萬後，她也分享了她投資基金的失敗經驗。

小麻雀說：「大家都說定期定額買基金，就跟儲蓄一樣，可以穩定地把錢存下來。但不知道怎麼搞的，我都扣款兩、三年了，報酬都是負的。小花，你現在也算投資高手了，能幫我解讀一下，看看這是怎麼回事？」

小花說：「你得先搞懂，你到底是投資基金？還是投機基金？」

「此話怎說？」小麻雀說：「我當然是靠基金經理人的專業能力，幫我的錢做投資啊？」

「問題不在基金的內容，而是你投資基金的策略與方法。」小花說：「所謂的投資，應該拿得到每年的基金配息，這些配息是基金投資股票後所滾回來的投資回報。至於投機，則是低買高賣一樣東西，目的是為了賺價差。」

「這樣說起來，我應該算投機策略喔！」小麻雀想了一想後說：「因為我的基金之所以會出現負報酬，是因為我定期定額買入的每單位平均淨值成本，仍低於目前的淨值價位，因此若此時賣出，就會出現高買低賣的虧損。」

小花說：「沒錯！**其實多數人在股票型基金上頭，都是採取投機策略，因為多數的股票型基金都採取股利再填入淨值本金來做為投資機制。基金投資人想拿回配息也不可能，所以一定都是投機策略。**」

「你的意思是……」小麻雀說：「我是因為採取投機策略才虧錢嗎？」

「不！我的意思是，你是因為不知道自己採取的是投機策略才虧錢。」小花解釋說：「因為投機要贏錢的關鍵是低買高賣，請問，你定期定額扣款的這兩、三年時間，你所連結的市場是在高點還是低點呢？」

「嗯，我買的是金磚基金，這幾年金磚國家的股市好像確實是下滑的。」小麻雀說。

「那就對啦！因為你基金所連結的市場趨勢在下跌，所以你買點高。高買低賣的結果當然虧錢囉，這跟基金經理人的表現是無關的！」小花笑著說。

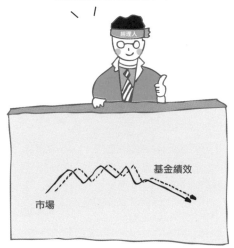

💰 別以為冠軍經理人，就是能打敗市場的好基金

聽了小花對基金投資和投機策略的解釋，小麻雀露出不可置信的表情說：「你這說法好顛覆我們對基金投資的看法喔，因為照金融機構的說法，買基金不就是靠基金經理人幫我們創造投資獲利嗎？」

「我沒說基金經理人沒用啊！」小花說：「我是說，獲利的第一關鍵是你是否有弄清楚你的策略？第二，才是根據你的策略所挑選出的基金經理人是否能打敗市場，創造比同業更高的獲利績效。」

「能打敗市場的基金，不就是能幫投資人賺錢的基金嗎？」小麻雀說。

小花說：「誰說的？以單一市場基金來說，如果整體股市的指數下跌

三成，你的基金經理人所操盤的基金淨值卻只下跌兩成。請問，他有沒有幫我們打敗市場？」

「好像有耶，但是……」小麻雀說：「淨值下跌兩成，以低買高賣來說，我還是虧了兩成啊。」

「這就對了啊！」小花說：「問題在於你的進場點，而不是基金經理人的操盤績效。」

「原來如此。」小麻雀接著問：「這樣說起來，我尋找一個過去幾年操盤績效都很好的明星基金經理人，不就一點用處都沒有？」

「不是一點用處都沒，而是順序弄錯了。」小花說：「你去想，明星基金經理人之所以為明星，就是過去績效好。但績效好的基金，應該淨值也會變高。那麼，我們根據經理人過去的好績效來買基金，不就會買到淨值高點了？」

小麻雀猛點頭之時，小花接著說：「但如果我已經看好了一個特定市場正處於由景氣谷底轉向成長階段，此時我逢低布局淨值處在低點的基金，再於同類型基金中，挑選相對績效較高的基金經理人，那不就在獲得看對趨勢的獲利之外，又有超越同業的績效，不就是如虎添翼？」

小麻雀聽了恍然大悟：「小花你真聰明！我過去都沒這麼想過。」

「你過去沒弄懂過，是因為你誤信了基金公司的行銷語言，以為基金就是一種懶人投資法，只要定期定額或長期持有就能獲利。」小花笑著說：「**但天下沒有不勞而獲的事情，投資基金還是得靠自己判斷，在正確的時機，選對市場，才有獲利機會！**」

學跨國投資：靠基金打開國際經濟的視野

基金這麼多種，
投資什麼好呢？

股票

債券

房地產

外幣

💰 認識配息與不配息基金的差異

由於好幾年沒見到了小花了，小麻雀對這位死黨還停留在省吃儉用、每月堅持存 8,800 元的印象上，但她萬萬沒想到，經過這一次的見面談話，才發現小花竟然已經是個投資高手了。

「這都是拜王老師所賜。」小花說：「我本來也是個愛亂花錢的人，後來他告訴我必須透過儲蓄來改變生活個性，讓自己先變成理財高手。之後，再來學投資，就可水到渠成，不容易被騙了。」

「剛剛聽了你這一番話，我才明白基金公司真會騙人，以後我再也不投資基金了。」小麻雀生氣地說。

「不！不！不！基金其實也是個好東西，你別因噎廢食。」小花說：

「當國內市場沒有好的投資機會時，透過境外基金來參與海外更有機會的市場，確實是有效的海外投資模式。」

看小麻雀認真聽講，小花接著說：「我也是投資兩、三年股票後，才忽然明白，如果海外股市有更好的基金，何不透過基金去參與這些機會呢？更何況，共同基金因為是集合廣大小額投資人的錢去投資，我只需一點小錢，就可買到海外一～～卡車的股票，也是不錯啊。」

「聽你這樣講，我又心動了。」小麻雀說：「可是，我要怎樣挑選到有機會獲利的海外市場呢？」

「首先，你必須認識基金所連結的標的，有分股票、債券、貨幣和房地產，因此又可區分成股票型基金、債券型基金、貨幣市場基金和REITs（不動產證券化）基金。」小花說。

「其次，你還得搞懂你買的基金是有固定時間配息的？還是沒配息的？」小花接著說。

「搞懂市場類別，我多少明白，因為就是投資標的不同嘛。」小麻雀不解地問：「但為何要搞懂配息不配息呢？」

「事實上，基金所連結的標的不管是股票、債券、外幣或房地產，每年都會衍生出股利、債息、利息或租金收益。」小花解釋：「這些收益可以固定分配給基金投資人，也可以放入本金中，幫我們衝高淨值績效，讓淨值變得更高。」

小麻雀說：「我懂了，**如果我不懂得在淨值高點賣出的話，沒配息的基金等於我一毛投資分紅都拿不到。這時，我倒不如持有一個淨值穩定，但固定會把股利或債息分配給我的基金，我才有獲利可言，對吧？**」

「你終於比較懂基金的遊戲規則了。」小花笑著說。

學跨國投資：靠基金打開國際經濟的視野

有了基金，我可以投資全球的股市！

💰 認識股票型基金：單一、區域、全球型與產業主題

　　如果要說股票與基金，何者適合年輕的上班族投資？共同基金因為投資金額小，又可採定期定額扣款模式，加上投資對象可遍及海內外，當然勝出一籌。但本書既然是寫給年輕朋友看的書，為何要到末尾了，才開始介紹基金呢？

　　第一個理由是，跨國際投資其實比國內投資要難；第二，不懂投資原理就要碰基金，基金雖看似簡單，但其實還是會讓上班族賠很慘。第三個理由則是，基金投資屬於「投資」的創造報酬行為，而非「理財」的收支平衡行為，這一點是基金銷售機構不會這麼告訴年輕朋友的。

　　當我們了解了基金屬性後，接下來，可以以股票型基金為例，說明不同類型的基金如何協助上班族投資海外市場：

若以市場區域大小來分，單一市場股票型基金是投資區域規模最小也最單純的類型。**所謂單一市場，就是美國基金、印度基金、台灣基金、大中華基金、韓國基金等，基金經理人只鎖定單一國家的績優企業來投資。**

　　投資人該如何選擇單一市場基金呢？當然就是要認真研究該國的經濟成長動能。由於股價會反映經濟基本面，故經濟動能越強，或者景氣開始由谷底復甦回升的單一市場，就可以趕緊布局。

　　第二類範疇較大的，為區域型股票基金，如拉丁美洲基金、亞洲基金、東協基金、歐洲基金等。其投資範圍比單一國家大，卻又鎖定有連動關係的特定區域範疇。

　　第三類為全球型股票基金，投資範圍廣及全球，特別是跨國企業，或者是具全球知名度的品牌企業。一檔基金的經理人雖然可能只集中投資三、四十檔股票，但卻可能從十多個國家挑選出最菁英的企業。

　　想投資好區域或全球型股票基金，同樣要留意區域和全球的經濟景氣脈動。但區域國家通常經濟上揚或衰退的動能較強，故股價波動性也強。以全球經濟來說，因為屬於整體表現，故通常波動較為平穩，因此全球型基金比較適合以配息方式參與。

　　第四類，為產業主題基金，如果投資人想要在基金淨值上取得有利表現，以科技產業、綠色節能或原物料等產業為主題的基金，會扣準相關產業鏈的龍頭公司，故在該趨勢當頭時，也屬於獲利暴發性較強的基金！

學跨國投資：靠基金打開國際經濟的視野

我們都可以發行債券！

國家債　公司債　垃圾債

歐巴馬　比爾・蓋茲　印度阿三

💰 認識債券型基金：公債、公司債與新興市場債

　　債券，因為投資最低本金動輒要百萬元起跳，和股票區區數萬元即可投資有著天壤之別，故本質上應屬於有錢人的專利。

　　但還好，有了共同基金的發明，小額投資人的錢可以集合起來，交由基金經理人幫我們購買面額百萬、千萬或億元以上的公債或公司債。

　　投資債券有何好處呢？第一、債券發行時的票面利息，並不亞於銀行定存利息；第二、基金經理人可到債券次級市場進行債券的短期操作，藉以在利率下降期間獲取更大報酬。

　　第三、資金在前往海外市場投資當地債券時，因為要換為當地貨幣，故基金經理人又可幫投資人賺取匯差。

簡單來說，投資人如果選對時機、選對貨幣升值的市場，債券型基金同樣也能創造頗佳的淨值上漲能力。但基本上來說，參與債券利息的配息率，應該才是投資債券型基金的主要目的。

　　債券的淨值通常較為穩定，投資者主要的風險來自於債券倒帳的違約風險。故依債券的發行主體和債信評級，通常可區分出下列幾種債券和債券型基金：

　　第一、成熟國家的政府公債：這類債券型基金只投資債信評級佳的已開發國家政府公債，如美國公債、歐洲公債等等。因為債信等級高，故配息也較低，投資此類標的的主要目的是為了在低風險下領取固定報酬。

　　第二、成熟國家公司債：以歐、美、日等國家之債信良好公司所發行的公司債為投資對象，通常票面利息會比政府公債來得高，但是，民間企業的違約風險也比政府高出一些。

　　第三、新興市場政府債：以拉丁美洲、東歐或亞洲新興市場國家所發行的公債為投資對象，由於此類國家的政府債信良莠不齊，故票面利息雖高，但政府倒帳的違約風險也不低。

　　第四、新興市場公司債：以拉丁美洲、東歐或亞洲新興市場之民間公司所發行的公司債為投資對象，票面利息通常最高，加上利率波動大，債券基金經理人容易有操作獲利，故投資報酬率也高。

　　值得留意的是，**新興市場因為匯率波動大，故新興市場公債或公司債在當地貨幣強勁升值時，都容易出現淨值暴漲現象。但反之，一旦匯率貶值，投資人也容易蒙受虧損。**

學跨國投資：靠基金打開國際經濟的視野

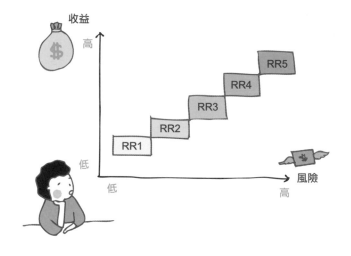

💰 認識基金的風險係數：RR1-RR5

　　我認識小花不到 8 年，一開始只是教她要努力儲蓄，才有機會在 30 歲前為自己取得進入有錢人俱樂部的第一張門票——新台幣 100 萬元。

　　後來，她累積了一定的積蓄後，我開始教她透過股票來學習投資，等於人生從理財階段走向了投資。

　　之後，她觸類旁通，自己搞懂了共同基金，因此也開始布局境外基金。但偶爾，她還是有一些搞不太懂的問題會來信問我。像有一回，她就問我：「常看到共同基金的說明書上寫有『本基金的風險等級為 RR5 或 RR4』，請問這是什麼？」

事實上，這是一種基金風險屬性的標示，說明該基金的淨值波動風險。這是因為太多投資人忽略了不同屬性（債券或股票）與不同市場（全球或區域）的基金，會有不同的價格波動風險，故中華民國銀行公會特別依淨值波動風險，由低至高編制出「RR1、RR2、RR3、RR4、RR5」等五個風險收益等級。

　　RR1 為波動度最低等級的基金，以追求穩定收益為目標。通常投資於短期貨幣市場工具，如：短期票券、銀行定存等。但波動度雖低，卻並不保證本金完全不會有虧損，因為仍可能存在匯率或利率操作不當的風險。

　　RR2 為波動度中等基金，同樣以追求穩定收益為目標。通常投資於已開發國家政府公債，或信用等級較高的公司債券。這類基金的價格波動風險會高於 RR1。

　　RR3 的風險為中高程度，以追求兼顧價格上漲與固定收益為目標。通常同時投資股票及債券，如平衡型基金。或投資於較高收益的債券，如非投資級的公司債或新興市場債券型基金。

　　RR4 為風險較高的基金，以追求資本利得，也就是價格上漲為目標。通常投資於已開發國家股市，或價格波動相對較穩定的區域內之多國股市。但因為股價有大幅上漲的可能，就代表有大幅價格下跌的風險，故風險係數較高。

　　RR5 為風險等級最高的基金，以追求最大資本利得為目標。通常為了創造高報酬而積極投資於成長型類股，或者是波動風險較大的股市，例如單一市場股票基金、新興市場基金、產業主題型基金等等。

　　我告訴小花：「高報酬的背後就是高風險，故風險係數較高的基金，往往也代表報酬率較高的標的，但投資人在追求報酬時，必須小心自身所承擔的風險。」

學跨國投資：靠基金打開國際經濟的視野

名稱差異	ETF	共同基金
交易成本	手續費（1.425‰）+交易稅（1‰）	經理費（1.5%）+保管費（0.15%）+銷售手續費（0.6~1.5%）
管理方式	被動式管理	積極式管理
交易方式	與股票相同，價格在盤中隨時變動，可以直接交易	依據每日收完盤後，結算基金的淨值來做交易

💰 認識 ETF：基金市場裡的自動機器人

　　小花靠著自己的學習力，開始以定期定額的方式投資基金，但半年多後她發現申購基金的手續費、保管費與經理費相當高，特別是經理費往往高達 1.5％以上，而且會先從淨值中扣除掉，讓投資人一點感覺都沒有。

　　小花之所以會發現這一點，是因為她感覺基金淨值的漲升速度，往往跟所盯住的指標市場之漲幅有一點落差。後來她仔細一想才明白，原來是內含基金經理費，導致報酬率被這部分成本抵消掉了。

　　「有什麼基金可以比較便宜呢？」小花問我這一個問題。

　　我給她的答案是——ETF。ETF 的全名是「指數股票型基金」，它是一種不需基金經理人的主動式管理，完全交由電腦挑選一籃子股票，好讓加

權起來的 ETF 價格，能與所追蹤的市場指數同步。

換句話說，大盤指數漲 20%，盯住大盤的 ETF 價格也會同步漲 20%。反之，大盤跌 10%，ETF 也會跌 10%。

ETF 又被稱為「交易所買賣基金」，交易方式和股票類似，是在證券交易所買賣，而且 ETF 價格會在盤中隨時變動，投資人可隨時在屬意價格到來時下單買賣。相對地，共同基金則是依每日收盤後結算的基金淨值來交易，不可於盤中買賣。

由於 ETF 屬於被動式盯住指數，不需基金經理人管理，故可以省下高昂的經理人費用。其次，ETF 買賣方式與股票一樣，故交易成本與申購共同基金需要支付金融機構手續費和保管費相比，自然來得平價許多。

但市場上為什麼會有 ETF 這種發明呢？原因是，在基金的歷史經驗中發現，許多基金經理人的績效根本無法打敗大盤，甚至不少人只以同步追隨市場漲跌幅為目標，而無力讓績效超越市場。

「既然無法打敗大盤，就乾脆複製它」的想法，因而誕生了一檔完全由電腦操作，讓績效 100% 與大盤同步的「指數股票型基金」。

除了交易簡便與成本較低外，ETF 的另一個好處是，所追蹤的指標可以相當多元，像與黃金連動、與科技股指數連動、與金融股指數連動、與新興市場指數連動等等的 ETF，讓投資人可以更隨心所欲地挑選所看好市場之 ETF。

最重要的是，ETF 除了可透過低買高賣的投機策略獲利外，它所連結的標的如果有配發股利的話，該檔 ETF 也將有配息，故它本身也是一種可供長期投資的標的。

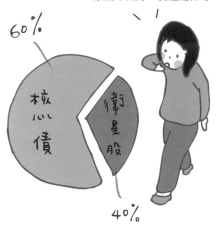

💰 認識資產配置與自己的投資性格

　　很多年輕人喜歡一上班就開始以共同基金來做為累積家庭積蓄的習慣，這主要是因為金融機構喜歡強調「定期定額投資等同儲蓄」是好習慣的關係。

　　但事實上，年輕人一開始就以基金取代儲蓄，是個錯誤且危險的觀念。因為定期儲蓄沒有虧損風險，但基金隨時都有盈虧波動。如果剛進入社會的年輕人手上只有一顆小雞蛋，為何要讓雞蛋放在危險的地方呢？

　　但您或許會問：「共同基金該提供給誰投資呢？」

　　我的答案是：「**有錢人！因為有錢人的資產規模夠大，本金夠多，才有辦法透過資產配置來分散基金淨值波動的風險。**」

所謂資產配置，以廣義的理財角度來說，就是把錢分散到不同的資產上面，比如現金、外幣、保險、股票、基金、房地產或黃金等等。

　　狹義的投資角度來說，**資產配置是指為了規避市場上不確定的波動風險，因此把一筆投資本金分別布局在二到三種不同類別的資產上頭，以創造整體穩定的報酬率。**

　　假使以投資基金來說，單樣買進一種基金，不管是單筆或定期定額，都有可能因為集中單一標的物而產生價格下跌風險。這時候，如果分散買進債券與股票型基金，則因為債券通常淨值較為穩定，且多空走向往往與股市不同調，所以股、債合計起來的整體績效，往往會比單買一種標的物來得簡單。

　　資產配置通常會把資產分成核心和衛星兩大類群。以基金來說，核心資產宜選取 RR1-RR3 的商品，目的是為了在低風險下創造穩定收益；衛星資產則是為了創造報酬率，故宜選取 RR3 以上的標的物。

　　其次，核心、衛星的比例配置也是一門學問。當景氣好轉，高風險的股票類資產報酬率較高時，可以把衛星比重調高到五到七成以上；當景氣衰退時，可以把衛星資產的比例降低，保留現金，或者把核心資產比重提高到五成以上。

　　第三，核心、衛星的比例配置除考慮景氣因素外，也應考量自己的投資性格為積極、穩健或保守，在自己能承受的波動能力下進行比例配置。

　　最後，資產配置也需要保持投資管理的習慣和紀律。當部分標的有獲利時，會讓該額度的比例膨脹，這時候，就該進行比例的重新調整（rebalance），在獲利資產上進行部分獲利了結，以維持核心、衛星比例的整體平衡。

PART 9

學成家置產：
先租後買才能致富

學成家置產：先租後買才能致富

高房價

💰 買房子未必要趁早，但準備第一桶金要早

很人都說台灣的房價很高，特別是台北的房子，年輕人得不吃不喝十幾年，才有辦法在台北買一個窩。但小花與小強也是年輕人，一個今年剛滿 30 歲，一個 33 歲，兩人卻開始積極找屋了。

這兩位年輕人為何敢買屋呢？難道是祖上積德、家裡有錢，屬於富二代嗎？No！他們只是懂得改變生活習慣，開始學習理財，並透過儲蓄來建立財富的基礎。如今，小花的存款簿上有 100 多萬的現金，加上投資股票和基金的本金約 12 萬元，價格和淨值漲升的報酬約 4 萬元，合計已有 120 萬元的積蓄。

小強呢，在小花過去七、八年的嚴格督促下，也改掉了生活散漫與胡

亂花錢的壞毛病，使得存款現金高達 150 萬元，加計股票投資的市價總和約 36 萬元，總積蓄也來到了 186 萬元。

小強之所以存得比較快，是因為住在家裡，省下了每月至少 8,000 元起跳的房租，使得他每月能定存的現金可達 16,800 元，一年定存可達 20 萬元。近八年來，加計年終獎金轉定存與投資股票，合計積蓄達 180 萬元以上，足足比在外賃居的小花還多。

計畫結婚、成家的小倆口，由於口袋中的積蓄合計達 300 萬元，因此比其他年輕人多出很多本錢，可在台北購買一間千萬元價位的中古屋。

小花仔細盤算過：「如果買一間 25 坪、1,000 萬左右的中古屋，自備款 300 萬足足有餘。剩下 700 萬房貸，若以年利率 2% 來計算，15 年房貸的每月本息攤還金額，約 4 萬 5 千元左右。」

「小強，我們兩個的月薪加起來約 9 萬元，拿出一半來繳房貸，剩下 4 萬多元過生活，應該綽綽有餘，所以，你何時買一間房子來娶我呢？」在今年農曆年時，小花對小強說。

已經交往八、九年的小強，早就想把女朋友娶回家，聽到小花希望彼此一起買一間房子好成家，他高興地跳起來說：「跟你過苦日子這麼多年了，終於可以有一個自己的房子，過有錢又幸福的生活了，真好！」

「什麼苦日子？跟我在一起，難道你不快樂嗎？跟我在一起存錢圓夢，靠自己的能力變有錢人，你沒成就感嗎？」小花說。

「當然有啊，我應該會是我們班第一個靠自己的錢買房子的人，能沒成就感嗎？老婆大人！」小強笑著說。

學成家置產：先租後買才能致富

💰 及早認識自己的生活需求，將來才不會買錯房子

　　當小花與小強決定結婚、購屋後，兩人馬上劍及履及，開始著手找房子。他們經常到住家附近的仲介公司看房屋廣告，這才發現，1,000 萬元要在台北市區買房子，實在很緊迫，不是坪數很小，就是屋況很差。

　　「我們乾脆沿著捷運沿線，往新北市方向去找便宜一點的房子。」小強說：「反正搭捷運很快也很省錢，不如以空間換取成本，讓購屋成本降下來。」小花覺得這建議不錯，每到假日就開始搭著捷運往郊區跑。很快地小花就發現，捷運每往遠離市中心區的方向過一站，每坪房價就會開始往下掉，她精打細算地說：「那我們還不如到捷運最末端的淡水、土城、新莊或新店去找房子，新屋每坪也只要 2 或 3 字頭而已。」

小強說「：那買預售屋不是更省？及早買，搞不好兩年蓋好後，房價還會漲更兇。」

「那不如我們買一個即將要起漲的地段，比如捷運要蓋但還沒建設的鶯歌、八德或汐止等地，這樣還可以購屋兼投資！」小花開心地說。

小強與小花覺得如果買對屋子，既可自住，又可投資真是一兼二顧的妙計。但兩人又有點不太放心，所以打電話來請教我。我聽了，哈哈大笑說：「很多年輕人的想法都跟你們一樣，所以大台北郊區蓋了一堆房子，但最後許多都變空屋在養蚊子，你們知道為什麼嗎？」

小花感到不解，我分析說：「買房子是一輩子，或至少半輩子要住的事情，你沒先到偏鄉去試住過，怎麼知道那裡的生活環境適不適合你呢？很多人應該是住不習慣，最後又退回市區了。」

我繼續解釋：「**更何況，房子是要給人住的，不是依照價錢去挑房子。就跟買衣服一樣，你得先確認你的尺寸、風格與需求，才能挑適合你又便宜的衣服，而不是看到哪裡便宜就往哪裡買，最後穿得五花八門，一點生活格調都沒有！**」

「王老師，您講得很有道理。穿衣服都要有格調了，更何況是自己的家、天天要住的房子呢？」小花說。

「但我要怎樣確認自己的生活格調呢？」小花接著問。

「這就是你買屋前，應該先思考好的問題啊！」我說。

學成家置產：先租後買才能致富

住在這裡真浪漫～

有嗎？

💰 先租後買，不是比較好嗎？

「我要怎樣確認自己的生活格調呢？」小花聽了我的購屋質疑後，不斷在思考這個問題。

她不但自己思考，也天天纏著小強問：「你覺得怎樣的家，是屬於我們居住風格的房子？」

「這有什麼好想的？」直腦袋的小強說：「等你買到了房子，再到IKEA買你喜歡的窗簾、傢俱與床，不就搞定了？」

「就這麼簡單嗎？難道不用考慮採光、房間數與廚房格局等等嗎？」小花反問。

「嗯，好像是先得把我們的居住需求給寫下來，比較好喔。」小強說：「不然買了才發現不適合我們的生活型態或感受，還得打掉重新裝潢，很麻煩！」

小花點頭之餘，趕緊拿出紙筆，把彼此想要的生活空間、格局和風格一一寫下來。討論了幾天後，小花又很開心地問我意見。我告訴小花：「你們已經踏出了確認生活需求的第一步，但還沒走到第二步。」

「第二步是什麼？」小花不解地問。

「你晚上肚子餓，想外食吃晚餐或宵夜時，也得附近都有你愛吃的，才叫符合你需求吧？」我說。「還有，你週休二日，想和老公一起散步去吃早餐，或者附近走走散心時，也得你家附近的環境你喜歡，走得愉快，才算符合你需求的好房子吧？」我繼續說。

「還有別忘了，將來你們有可能生小孩，那附近的幼稚園、小學，你自己喜不喜歡，能不能接受小孩在那樣的環境成長，也很重要啊！」我最後說。

小花聽了，非常認同我的意見，但她還是質疑說：「可是，**住，有時候是一種感覺問題。我沒去住過，怎麼知道新環境適不適合我們呢？**」

「你講得好，住，往往是一種感覺。」我說：「所以我建議你們，**結婚的頭兩年先『以租代購』，先到自己屬意的生活圈租一間適合你們的房子，住上一、兩年，確認那邊真是你們喜歡的環境後，再開始採取購屋行動，不是比較好嗎？**」

「『先租後買』，先到新地方住過以後，確認自己上下班到底方不方便？鄰居我喜不喜歡？生活機能適不適合我們？最後再出手買，這點子倒是很不錯呢！」小花開心地說。

學成家置產：先租後買才能致富

新公司還真遠！
都快看完一本週刊
都還沒到……。

💰 職場生涯明確後，再啟動購屋計畫較好

聽著電話那一頭，小花認同我說的「先租後買」方案後，我繼續提醒小花：「你有沒有想過，你買房子的最大變數是什麼？」

小花愣了一下說：「不就是自己的錢，買不買得起自己喜歡的房子？還有就是，自己喜歡的房子，也許賣方獅子大開口，不願意降價吧？」

我說：「除了這些，還有其他的，你再想想！」

「喔，對了，」聰明的小花說：「也得問問家人的意見，搞不好爸爸、媽媽偶爾會來住，總不好讓他們住得很不習慣。」

我告訴小花：「這些都是變數，但都屬於可以克服的變數。真正的變

數，其實是你們自己！」

小花驚詫不已地反問：「難道隨著年齡增長，我們的居住需求會變嗎？」但她又自言自語地說：「這樣的話，我就得再做個十年儲蓄與換屋計畫，讓自己的房子可以變大、變好！」

「這樣的變化還算好，但最怕的是……」我說：「你房子買了，結果卻換工作了，跑到不一樣的地方去上班，那之前所符合你需要的上下班地點，不就變得不符需求了嗎？」

「對喔！王老師，你倒是一語驚醒夢中人。」小花說：「小強最近倒真的有可能換工作，因為有同業想挖角他。但因為我們想買房子的關係，他又有點猶豫要不要跳槽？」

「所以人家說，房子是個甜蜜的負擔，是甜蜜，也是負擔。」我說：**「因為有了房子以後，你就被綁手綁腳了，要做職涯決策就沒那麼簡單了，有時得牽就住家地點、家人的需要，特別當你們有了小孩以後，更是如此。」**

「這真的需要好好深思熟慮，房子真的不該像買衣服或包包一樣，說買就買，因為買了以後就是一種累贅。」小花感嘆地說。

「就算是累贅，也是一種幸福的累贅，如果你真的買到你很喜愛的房子。」我說。

我接著告訴小花：「我比較喜歡說，房子是一種責任，只有有責任感的人，能負擔得起人生責任者，才適合購屋，這比有沒有錢買房子來得更為重要。」

我最後告訴小花：**「工作到最後，也是一種責任，當你能有足夠的承擔力來做出明確的職涯規劃後，再啟動購屋計畫會比較好。在此之前，先租後買，還是一種比較務實的選擇喔！」**

學成家置產：先租後買才能致富

誰叫你不早存錢呢！

唉！好羨慕你！

💰 多挑多看房，將來才有機會便宜撿好房

　　「這樣一來，我還是先別急著看屋好了。免得一頭熱，一個衝動就買下去了，將來後悔不已。」小花在電話上洩氣地說。

　　我說：「小花，你又錯了。房子還是得多挑多看，但不一定要急著買。」

　　「不買幹嘛看房？」小花說。

　　我說：「不多看，將來萬一有好屋出現了，你怎知有沒有高出行情價？屋況有沒有瑕疵？仲介有沒有騙你？以及你該如何開價、殺價與議價，有效率地買到讓你心動的房子呢？」

聰明的小花聽了說：「老師，您的意思是，就算我考慮先租後買，也得先為日後買房子預做準備嗎？」

「完全正確！」我說：「**成功者都是先準備好，等機會到了，才能成功掌握住機會。只有失敗者會在那邊等、等、等，等到有好房子的機會出現了，自己也沒眼光看出它的好，或沒能力透過談判買下那間好屋子。**」

我最後告訴小花：「你想，台北隨便一間房子都要千萬元起跳，如果你懂得看屋、挑屋，購買到能增值又適合自己的房子，將來不是還可享受增值的好處？」

「更何況，如果你懂得議價，1,000 萬的 5%就是 50 萬，10%是 100 萬，你得存幾年哪？」我說。

「對耶，」小花說：「我存了八年才累積百萬，那我還不如多花一、兩年，修練出購屋心法，把自己變成看屋專家，房價一省就可達百萬，看對了，增值也能有百萬。而且，買到的又是自己的最愛，那真是天下最美好的事情了！」

聽著小花開心地掛掉電話，我心中不禁感觸良深。八年前，小花也跟多數處於經濟停滯時代的年輕人一樣，徬徨於未來，不知道將來有沒有可能創造財富，只好以眼前的享樂來麻醉自己。但透過儲蓄、改變生活習慣、學記帳、學消費，讓自己的生活收支平衡之後，又努力學工作、學投資，並做好風險規劃，終於慢慢改變了小花與小強的財富磁場，讓他們由低薪上班族，翻身成為擁有百萬存款的小富一族。

同樣是年輕人，及早改變自己的理財態度，每個人都能變成有本錢購屋的小富人；但不想改變的人，處於商品行銷當道的年代，只好先樂後苦，淪為月光族的無殼窮人了！

學成家置產：先租後買才能致富

不是我摳門，是我將來要變有錢人！

省以致富

💰 購屋，是年輕人遙不可及的夢想嗎？

　　正當這本書即將完成時，有個朋友聽到我正在撰寫一本讓年輕人可靠儲蓄購屋的書，馬上嘲笑我：「現在房價那麼貴，哪個年輕人還敢夢想買房子呢？」

　　這個嘲笑突然讓我想起了一句話：「成功者相信自己會成功，並積極準備去成功；失敗者卻不相信自己會成功，最終帶來了失敗。」所以相信自己能成功致富，甚至實踐買屋的夢想，才是人生上半場決勝的關鍵態度！

　　現實生活中，小花是一個發生在我身邊的成功案例，除此之外，還有許多我身邊認識的小富人們，也都擁有相類似的致富特質。歸納來說，他

們從年輕時就非常節省，很早就明確地為自己訂下儲蓄目標，並貫徹加以執行。最重要的是，他們內心都有一個潛在的成功夢想，就是要自己為自己買一間屋子！

像我認識的一位七年級生 A 君，大學畢業後開始服兵役時，就把每一分微薄的薪餉存起來，並朝著購屋的夢想前進。他為何這麼努力呢？他說：「因為大四時認識了很相愛的女朋友，卻又非常怕『兵變』，因此每存一分錢都拿給女朋友看，甚至把存款簿放女友身上，讓女友非常感動安心。」

A 君退伍後三年，就和女友結婚了。結婚當年，就在台北買了預售屋，兩年後住進去，又生了小寶寶，現在過著節省卻又富裕的生活。他的真實案例讓我明白，原來富裕是「省」出來的，而不是靠賺大錢變成有錢人。

B 女是我七年前認識的另一個六年級生女孩，她就讀大學時以摳門著稱。摳門到什麼地步呢？她告訴我，如果今天決定好只能花 100 元，她就會想盡辦法達成目標，包括吃麵包、泡麵過生活。

即使到今天，她已經在台北市買了房子（而且房子還增值 3 倍以上），她還是每天準時到便利商店看報紙、讀雜誌、吹免費的冷氣，不會輕易把手頭上的錢浪費在奢侈品或不當的消費項目上。

觀察這些小富翁、小富婆的致富模式，我得出了底下的結論：「一個有夢想的人，容易變得很節省、很會存錢；而存錢的紀律，正是年輕人通往致富夢想的快速捷徑！」

土地公都送房子來了，
你怎麼還在睡啊！

💰 欠缺購屋行動力，存再多的錢也枉然

「我在台北工作好多年了，很想到台中買一間房子，你有什麼好建議？」一位七年級生 C 女曾經問過我這個問題。

我反問 C 女：「為何是台中？你明明在台北上班，為什麼想到中部購屋？只是因為房價便宜嗎？」

C 女坦白地告訴我，她結婚好多年了，先生一直在中部科學園區工作，兩人分居兩地，只有假日才相聚，而她非常想要有一個家，可以讓兩人相聚一起生活。

為了達到購屋夢想，C 女與先生一起努力存錢，兩人在北、中兩地，分別各租了一間便宜的雅房，所以工作才約五、六年的時間，兩人已經一

起存到接近 200 萬元的現金，預計到台中地區買一間 600～700 萬左右的房子。

我聽了她的經驗分享，認為以他們簡約的生活方式，離購屋的夢想並不遠，因此建議她應該多積極到中部看屋，以免機會來時，也就是好房子上門時，措手不及。

但 C 女一下子擔心大台中房價太高，她會買不起；同時又覺得看了很多關於黑心建商的書，擔心房仲業會亂開價騙人，因此遲遲不敢有所動作。

為了協助這一對年輕夫妻圓一個購屋夢，我馬上拿起電話，聯絡了我認識的一位在台中從事保險業的資深業務朋友，請她就近幫忙代為尋找好屋。同時間，我也請 C 女回台中時，務必去拜訪這位朋友，趕緊展開看屋行動。

沒想到，我與沖沖地為年輕朋友兩肋插刀，但一個多月過去了，C 女卻只有禮貌性地回電給我台中的朋友，遲遲未採取正式見面的行動。

又過了三個多月，台中朋友有天忽然急電我：「你台北的朋友還有要下台中買房嗎？有一個朋友要賣一間 30 多坪的房子，屋況很好，但開價僅 500 多萬，很搶手，要趕緊通知你朋友來看屋嗎？」我又趕緊通知了 C 女，C 女也決定要趁假日下台中去看屋。想當然爾，便宜的好房子不等人，該屋沒幾天就賣掉了，動作慢吞吞的 C 女當然再次與夢想絕緣！

這個真實案例說明什麼呢？只懂得傻傻省錢、存錢，卻不敢在適當時機積極採取行動的人，想買房子的夢想，將永遠只是一個夢想！

學成家置產：先租後買才能致富

別讓貧窮觀念制約了你的腦袋

「年輕人起薪低，要奮鬥幾年才買得起房子呢？」這是社會約定俗成的悲觀想法。但若你是年輕人，也這麼想的話，我只能說，你一輩子注定要當個窮光蛋了！

在我過去近九年所進行的理財教育過程中，我深刻體會到一個道理──窮與富，其實都是觀念作祟；讓一個人變窮的根本原因，是腦袋中根深蒂固的貧窮想法。

以我為例，七年多年前我辭掉全部工作，決定要到台北成立一個工作室時，擔心房價過高，只好到六張犁租一間小套房，除了平時可住之外，放一張辦公桌，就成了我的寫字樓。6 坪的小套房，租金多少錢？8,000元！

後來，我又在社區公告板上看見有人出租頂樓加蓋，15 坪的大房間，租金 9,000 元，但必須自購傢俱。我仔細算了一下，訂出一個約萬元的傢俱購買預算後，馬上就承租了該房子。換句話說，多了 1,000 元，以及以 12 個月、每月攤提約 1,000 元的傢俱成本，我就多租了超過 9 坪的空間，外加屋前一塊可欣賞 101 大樓景致的空中小花園。

住了一陣子後，我有天散步時跨越和平東路，來到台北市房價最貴的敦化南路林蔭大道上，又在小巷子裡發現了一個房屋招租資訊——30 坪的老公寓，月租金 2 萬元。我很快找了一位合夥人一起承租該屋，兩人各使用 15 坪的空間，外加我搬過去的辦公傢俱，月租每人只要 1 萬元。

每月 1 萬元，卻住到房價比六張犁高一倍以上的都會區精華地段，並享受附近豪宅級的生活品質，這讓我不禁想：「我當年幹嘛住到如同貧民窟一般的六張犁呢？為何不一開始就到精華區租房子？」此外，我又想，多少中南部上來奮鬥的年輕人，為了省錢而一直蝸居在生活品質不佳的六張犁，他們為什麼沒有想過跨過和平東路，前往房價最高的大安區去尋找高品質的生活方案呢？

結論是：他們不懂得以租代買，也不知道省錢該省得有效率。更重要的是，他們可能根深蒂固地認為自己不可能住進豪宅區，也不認為自己的身價可以住在市區精華地段。

自認是窮或富的觀念，決定了一個人的行為結果。如果你覺得自己是富人，請從今日起開始像個準富人一樣地省錢、儲蓄，累積人生第一個一百萬後，正式加入有錢人俱樂部，用有錢人的方式過生活吧！

作者	王志鈞
社長	陳蕙慧
副總編輯	李欣蓉
編輯	陳品潔
行銷企畫	姚立儷、尹子麟
插畫	陳宛昀
讀書共和國社長	郭重興
發行人兼出版總監	曾大福
出版	木馬文化事業股份有限公司
發行	遠足文化事業股份有限公司
地址	231新北市新店區民權路108-3號8樓
電話	(02)2218-1417
傳真	(02)8667-1891
Email	service@bookrep.com.tw
郵撥帳號	19588272 木馬文化事業股份有限公司
客服專線	0800221029
法律顧問	華洋國際專利商標事務所 蘇文生律師
印刷	成陽印刷股份有限公司
二版一刷	2019 年 08 月
定價	300 元

國家圖書館出版品預行編目 (CIP) 資料

從0存款到破百萬 / 王志鈞著 ・ ─ 二版 ・ ─ 新北
木馬文化出版：遠足文化發行，
2019.08　面；　　公分
ISBN 978-986-359-699-8（平裝）1. 理財 2. 投資

563　　　　108010260

特別聲明：有關本書中的言論內容，不代表
出版集團之立場與意見，文責由作者自行承擔

從 0 存款 到破百萬

高效率存錢×低風險投資, 小資族不窮忙的增值理財術

(原書名：每月必存8,800的理財魔法)